美妙的女性史

LA PLUS BELLE HISTOIRE DES FEMMES

洞察女性生存之境

LA CONDITION FÉMININE DE CRO-MAGNONNE À NOS JOURS

[法] 弗朗索瓦丝·埃希提耶（Françoise Héritier）
[法] 米歇尔·佩罗（Michelle Perrot）
[法] 西尔维娅·阿加辛斯基（Sylviane Agacinski）
[法] 妮科尔·巴沙朗（Nicole Bacharan） 著

邹晓菁 译

西南大学出版社
SWUP 国家一级出版社 全国百佳图书出版单位

万墨轩图书
WIPUB BOOKS

目 录

Sommaire

前　言

Avant-propos

曾经懵懂的我，相信“女性自由”已是事实，掉入了专为涉世未深的女性设下的陷阱。当今世界，男女真的实现平等了吗？这个问题，在我母亲那一代就已经得到了“回答”。她 18 岁参加法国抵抗运动，成年后行使选举权，工作从未间断。然而，她包揽了一切家务，而我想当然地把错都归结于父亲。女性在受教育和就业上获得了和男性同等的权利吗？我曾经以为，这是当然的。实现同工同酬了吗？我知道，法律是这样规定的。依据个人意愿、社会道德和宗教信仰，女性有选择是否生育的权利吗？我认为，这是最起码的。年轻时的我曾以为，这些问题都不值得讨论。难道这些不都在情理之中吗？难道我们这一代不都是普遍这么认为的吗？

今天，回顾自己的成长轨迹，我看到了一个毫无防备便涉入“雷区”的天真少女。她看不到家庭的矛盾、学校的心照不宣、等级的固化、宗教的约束和大男子主义的新形式。

我知道成文的社会法规，但我没意识到“玻璃天花板”，不知道传统观念的约束，亦不知如流沙般的解放运动有时可能只是一场骗局。我不知道，女性的身体一旦长成，便会一直成为男性角逐的战利品，成为家庭、教会、国家、学校，乃至商业和医疗竞争的中心。

当我的女儿们成年后，我同样审视了她们那一代人走过的路，发现了阻碍女性追求权利和自由的新问题，而这些权利和自由再一次被误以为已经是囊中之物。我从未如现在这般迫切地感受到，将祖祖辈辈的女性所做的努力延续下去是何其重要。她们都是时代的女英雄，无论是有名之士还是无名之辈，正是她们为我们铺就了这条争取平权的道路。

本书旨在完成一种叙述性研究，讲述从克罗马农人的远古时代到今天女性的生存境况。书中将提及对女性的观念和看法的演变历程，以及女性日常生活的变迁史，包括她们在不同时代和不同年龄阶段受到的不同对待。当然，本书还会讲述这几个世纪中，女性如何从国王、牧师和丈夫给其穿上的“紧身衣”中一步步挣脱出来。在这一页页的叙述中，我们将体会到了解历史对理解当下的重要性。那逝去的岁月如一缕亮光，照见了21世纪仍在进行中的伟大论辩。

弗朗索瓦丝·埃希提耶、米歇尔·佩罗和西尔维娅·阿加辛斯基这三位当代的杰出女性以对话者的身份参与了本书。她们将作为我的访谈对象在书中相继出现，与我一起共度这段震撼人心的冒险之旅。三位学者对我的每一个问题都报以热情、慷慨和耐心，同时毫无保留地分享了她们的学识、智慧和时而产生的困惑。她们都是各自学术领域的先驱，以垦荒者的姿态进入科学与思想的荒地。在她们堆放着各种书籍和手稿的会客室里，我们共度了友爱的时光，也牵起了与祖先相连的“阿丽亚娜之线”[①]。在这段长期访谈中，有思想的碰撞和交锋，也有情感相通、拍掌大笑的时刻。这段经历恰可与女性史互为参照：艰难，时有不幸，却也不乏有趣。

言归正传，本书的灵感实则源于一个男人——多米尼克·西莫内，是他给予我动力，让我想要将女性史当作自己的科研课题，

① “阿丽亚娜之线”取自古希腊神话，指引导人走出困境的方法。——译者注

并将其作为该书系的组成部分。在此由衷感谢他对女性尊严持续且热情的捍卫。

在准备访谈时，我经常想到美国女权主义者的斗争，想到那些自独立战争起便投身平权运动的女英雄们，特别是阿比盖尔·亚当斯。1776 年，她恳求丈夫（即后来成为美国总统的约翰·亚当斯）在反英国王室压迫的战争中，“不要忘记女性”。女性绝不可能受制于“剥夺她们发言权和代表权”的法律。阿比盖尔如此阐述她的观点：“永远不要把无限权力交到我们丈夫手中，因为男人天性专制，这是一个不容争辩的事实。”即便在约翰·亚当斯这位尊敬妻子的丈夫看来，妻子的主张也很可笑……

回到家中，女性毫不迟疑地宣称，她们在美国梦中也占有一席之地。她们想要同男人一样成为公民，拥有“生活、自由和追寻幸福”的权利。成为真正的美国人，也曾经是黑奴的颠覆性梦想。但就像黑人一样，女性也被认为“天生”没有能力担任重要职责。可难道她们就真的天生没有主见、不可理喻，且理应屈从吗？在美国内战前，不难理解为何废奴主义者中有相当一部分人也是女性主义者。他们借此机会谴责“对性别的奴役”，要求终结奴役，同时宣称“所有人对自己的身体都享有不可剥夺的权利”。

在奴隶获得解放之后，美国女性依旧为黑人争取自由而战，因为她们认为自己与黑人同属少数群体，这里的“少”当然不是一个数字概念，而是指社会地位。她们承受着世人嘲讽与社会压力，但仍以女权主义者的身份不断抗争，她们是“避孕”（由玛格丽特·桑格护士率先提出）战士，是胸罩和吊袜束腰带的焚烧人！在男人、觉得自己“理应”卑躬屈膝的女人以及所谓“真正的女人们”看来，女性主义者的行为简直荒谬。一直以来，这些所谓的“真正的女人们”凭借讨好男人和遵从主流的教条而获得认可。不这样做的女人则直接不被看作女人。美国女权主义者过于激进了吗？有时确实。她们硬气且好斗吗？当然如此。但很大程度上，她们的成功也正是源于先驱的这股激情。

为了更好地讲述女性的故事，我们还要追溯到美国、法国和英国女性主义运动之前，回望人类曙光初现之时，以期更加明了女性是从何时滑向如今的从属地位。这些担任生育重任的女性究竟是第二性，还是实际意义上的第一性？在那些遥远的时光里，我们祖辈的女性们是如何同她们的爱人一起生活，又是如何生育的呢？她们为集体的生存做出了何种贡献？而男性又如何呢？那时的他们也想控制女人的肚子，并掌握延续香火的主动权吗？我们能从中知晓什么？历史上是否有过女性尽情释放天性的一段幸福时光？是否存在这样一种天性呢？或者更简单一点儿：究竟何为女性？天性的终点和文化的起点又在哪里呢？

我会向弗朗索瓦丝·埃希提耶提出这些基本的问题。她是一位人类学家，也是杰出的非洲社会研究者，尤其对亲属关系研究颇有心得。在成为法国国家科学研究中心主任、法国社会科学高等研究院主任、法兰西公学院教授之前，她曾师从人类学家克洛德·列维－斯特劳斯。她是一位严谨的科研工作者、女性主义的先锋，还是一位反抗不公的人文主义者。她会告诉我们，男性是如何想要掌控女性不可思议的天赋，这个天赋也就是她称为的“过高的生育特权”。她还会向我们解释，所谓的母权制不过是臆想，而“性别价值衡量差异”在任何时候、任何地方都占据着上风。一个男人，即便丑陋、愚蠢又令人厌恶，也会被认为比一个聪明、礼貌、工作勤奋的女性更具优势。弗朗索瓦丝·埃希提耶还会告诉我们，卖淫从不该成为一个职业，自古以来就不应该，同时女性所遭遇的歧视也绝非微不足道。纵观整个世界，回溯历史长河，女性为此受到了身心的巨大摧残，甚至付出了生命的代价。

米歇尔·佩罗会为我们打开过去的大门，我们将随她一起回到古典时代，去感受不同时代女性的日常生活和成长历程：从婴儿、女童、待嫁的少女、年轻妇女、因生儿育女而疲惫不堪的母亲，直至老年的祖母。作为一位杰出的学者，米歇尔·佩罗曾是工人运动的专家，此后则致力于女性历史这片近乎处女地的研究领域（女性历史的档案资料、历史见证、直接或间接的记叙都十分匮乏）。由于长期困在家中并被要求少言，女性所留下的痕迹总是乏善可陈。而米歇尔·佩罗多年来一直致力于为失声的女性重新夺取话语权，并帮助她们确立在全球历史中的合法地位。热情、好奇、幽默、敏锐、优雅……我无法一一列出米歇尔的优秀品质。我与她一起度过了许多交谈甚欢的快乐时光，这也有赖于女性的历史当真漫长。

她告诉我们，女性的悲惨生活总是开始于父母对其出生的失望，尤其是母亲，她为自己生了一个女儿而感到愧疚。她也会告诉我们，女生是如何被学校拒之门外。女性充其量只能接受为将来能成为一个好妻子和好母亲所准备的教育。而那些拒绝结婚的女人，那些被丢到修道院的女人，那些不属于某个男人而属于所有男人、被认为落入风尘的女人，她们的前景渺茫，毫无希望……她还会告诉我们，即便是在成为真正的劳动力之前，女人们一直以来都承担了许多工作，不管是在田地里，还是在家庭、工厂、商店里……米歇尔最后回溯了女性争取受教育、择业、自我发展、在公开场合发言，以及选举和被选举权利的漫漫长路。当然还有一项不容忽视的权利——生育权，以最终摆脱千百年来女性面对非自愿怀孕的焦虑。但从哪些女性开始？从哪个国家开始？这斗争又究竟需要多长时间呢？

我们将接着与哲学家西尔维娅·阿加辛斯基谈论女性的当下与未来。于她而言，哲学是命中注定的相遇，是使命的召唤，可以从中找到满足好奇心并破译世界的素材。但当她发现她心目中的英雄、智者和思想家竟是将女性置于他们身处的上流社会的围墙之外的男性时，她失望至极。而那些所谓客观的哲学著作，也往往是某一领域的男性视角的产物。因此，于她而言，女性的当务之急是要用批判的眼光审视思想家的首要工具——语言，并且从根本上重新思考两性的关系。

当今的两性差异应如何界定？西尔维娅·阿加辛斯基向我们解释道，这种差异无法轻易被定义，也不可能轻易消失，她邀请我们以充分开放的心态看待此事。她向我们介绍了她为女性在公共生活中能拥有和男性平等的地位所做的斗争。她认为，性别差异普遍存在，而我们所追求的也并非一个两性完全对等的世界，而是一个两性和谐共处的世界。那在夫妻关系和家庭生活中的两性又如何呢？如何在私人生活中创造一种“均等文化”，能更加接近分担家务的设想呢？最后，我们又应如何处理因科技发展（试管婴儿、同性育儿、捐精、捐卵、匿名分娩、代孕等）而给父母角色带来的一些颠覆性变化呢？如何建立符合道德伦理的亲子关系？最重要的是，如何才能坚守人类的尊严、欲望和爱的自由？

众所周知，我们尝试在此讲述的女性历史是一场未完待续的斗争。我们都是出现在人类命运中最宏大的一场革命的继承人。感谢避孕手段的出现，使得女性的肚子可以摆脱男性的控制。女性的身体属于自己，由自己做主。但女性可享受自由权利的这片领地，依然非常有限。在世界的许多地方，甚至就在我们身边，依旧有男性把女性囚禁在无知的牢笼中，以令其屈从，只为了像过去一样控制女性拥有的所谓“过高的生育特权”。同时，即使在今天的社会，还有男性将妻子、姐妹和女儿的“贞操”或“妇德”视为自己的荣誉和面子，这种观念导致女性被殴打，甚至被杀害。就算是在最发达的国家，也无法杜绝这种表现为“社会倒退”的现象。

我们要时刻保持警醒，因为女性的自由是初生且脆弱的。女性要将命运真正掌握在自己手中，要日复一日地捍卫自己的权利，日复一日地为创造一个男女平等的世界而努力，为女性能被视为一个拥有完整人格的个体而努力，为争取一个所有人都能得到自己应有权利的世界而努力。

妮科尔·巴沙朗

第一章

人类诞生之初

Première Partie

À L'AUBE DE L'HUMANITÉ

第一节 从差异到等级

这是自然的吗？

妮科尔·巴沙朗（以下简称为“妮”）：作为一位人类学家和考古学家，您主要研究社会中的人类行为。您曾分享过原始部落的日常生活，这使您得以回顾过去，远溯至人类的起源。但我们又如何能确定，至今尚能在非洲、亚洲和澳洲见到的一些原始部落，他们和我们的祖先真有相似之处呢？

弗朗索瓦丝·埃希提耶（以下简称为“弗”）：生活方式就是判断的基本标准。我们通常认为“狩猎采集者”，就是那些不耕种庄稼、不蓄养家畜、不懂冶金的人，他们延续了旧石器时代的生活方式。他们打猎捕鱼、采摘果实，从大自然中获取生活所需。他们过着游牧生活，有时也会大规模迁徙。比如，非洲的俾格米人和布须曼人拥有相对稳定的栖息地，但也会因为居住地变得贫瘠而被迫迁徙。他们的生存方式和新石器时代之前的祖先非常相近，但不能否认他们有自己的历史，并且历史在不断发展。因而可以说，他们之间有相似性，并非一致性。

妮：您能从这些原始部落中了解到，在人类诞生之初的男女关系吗？

弗：那时的人类社会还并不能呈现出一幅清晰且恒定的两性关系的图景。不同的地方必然存在差异和变化，但同时，也在很大程度上具有统一性。毕竟每个社会都有关于起源的古代神话，通过观察、分析、比较，我斗胆通过推演，重现人类初生时的情境。当然，我所说的一切都只是假设，因为没有证据，没有留下任何物质痕迹。但我们依然可以推断遥远的过去是怎样的，进而了解到最初的男女关系。

妮：那您是否找到了除解剖学特征外，是什么让女人成为女人这个永恒之问的答案呢？通过回溯人类的起源，我们能否了解到是否存在所谓的“女人的天性”？

弗：这个问题确实经常出现。当今社会，人们普遍认为女人就该有女人的样子，就好像男人也就该有男人的样子。这就意味着，除了解剖学或生理学上的特殊性外，所有男人或女人都具有符合该性别倾向的性情、举止、优势和缺陷。

妮：所以女人应该是……

弗：弱小、愚蠢、好奇、不值得信赖、健谈、易妒、轻浮、冲动、歇斯底里！从正面来看，脆弱、温柔、忠贞、易轻信他人、有羞耻心……所有这些特点都被认为是女人“天生”该有的。而男性天生就强壮、理性、坚强、勇敢……这样的男性自然应处于统治地位，以控制充满负面特质的女性。这种认为女性和男性天生就具有某些特质的观点必定是后天出现的，并且以文化的形式被延续下来。但在我看来，没有哪个性别天生便具有嫉妒、爱挥霍、轻浮这些特质，更不必说某个性别天生就宽容、节俭、严肃。生物属性无法传承人的性情和行为，这就说明了没有哪个性别天生优于另一个性别。所有变化都是个体的。至于性别所体现出的典型差异，则完全是在文化传承中诱发的。

不是妈妈也不是姐姐

妮：这些被认为是男性和女性“天生”就该具有的特质，会随着社会的变迁而发生变化吗？

弗：会的。但我得出的结论是：无论在何时何地，男性都被认为优于女性。从人类起源开始，就出现了“性别价值衡量差异”，指的是两种性别有不同的价值，一种高于另一种，也就是男性比女性更有价值。

妮：您是如何得出这个结论的？

弗：我曾经和克洛德·列维－斯特劳斯一起做过研究，并得出了这个结论。克洛德·列维－斯特劳斯把禁止乱伦作为一个成熟社会必须具备的先决条件。在人类起源之初，现代智人和尼安德特人两个分支属于同一支干。虽然那时还有其他不同的人种，但只有智人和尼安德特人成功存活下来，而最终只剩下了智人。要使最初的人类社会得以延续，一个必备条件便是禁止乱伦，禁止父亲和女儿或兄弟和姐妹发生性关系。

妮：为什么这对一个社会的构建至关重要？

弗：我们可以想象一下智人的小部落：所有人都有姻亲关系，在集体中生活、繁殖，拒绝陌生人闯入。由此构成了一些具有血缘关系的团体，他们外出觅食，生活在大自然中，偶尔与其他部落产生小摩擦。但是突然意外发生了，有些小部落无法再继续繁殖，因为女人大批死亡，或者男婴的出生率大大超过了女婴。所以，这些小部落就会为了抢夺女人而攻击别的部落。

妮：这可不是一个好的开始……

弗：事实上，他们用合作取代了杀戮。克洛德·列维－斯特劳斯认为，凡智人踏足之处，自此都有了一个共同规则：男人不再与自己的女儿和姐妹乱伦，而是把她们作为讨价还价的筹码。男人们用自己的女儿和姐妹交换其他部落的女人，因而成为“连襟兄弟”。这些因女人而成为兄弟的男人们，会产生冲突，也会互相帮助。由此，生育的权力分散给了各个部落，部落之间也建立起了联系。

妮：那时人们主要采取什么方式建立联系呢？

弗：通过婚姻，个体被集体正式接纳。这种属于社会契约性质的婚姻将两个家族联系在一起，同时起到了稳定一个地区和平的作用，女性的从属地位也由此产生。值得注意的是，为了让维系两个家族的婚姻真正起到契约作用，就必须让夫妻双方彼此依赖，让他们有必须共同合作才能完成的任务。一般来说，男人负责捕猎，女人负责采摘。男人负责猎捕大型动物，保护自己的族群不受侵害。女人负责监护未断奶的孩子，所以要一直待在家里或者在离家近的地方活动。这种安排源于客观上的限制，因为孕期和哺乳期的女性移动不便，这并不意味着她们在体力或智力上低人一等。而且，男女任务的分配也因文化差异而有所不同。直到现在，西非的男性还会负责编织和缝纫。

妮：也就是说，婚姻、家族、分工，这一切的出现都是为了所有人的利益，而并没有强调两性之间的不平等。

弗：事实上，在我看来，这里面还有一些很容易被忽略的东西。如果男人可以做主将女儿和姐妹交换给其他男人，那意味着男人本身就具有这个权力。此种男性之间的契约，在我们已有的民族学研究中可谓无处不在。在不同的地区、不同的族群，基本都是男人交换女人，从未有女人交换男人的情况。既没有女人交换男人，也没有女人和男人相互交换的情况，即女人和男人都有交换权。只有男人才有这项权力，世界各地无一例外。这便是我所说的，自人类诞生起，或者说自旧石器时代起，“性别价值衡量差异”就已经存在了。

妮：难道“性别价值衡量差异”的出现早于乱伦禁忌吗？

弗：我不敢说“性别价值衡量差异”一定早于乱伦禁忌，但至少可以确定两者是同时发生的。“性别价值衡量差异”就像一根链条，将社会建构不可或缺的环节（家族契约、个人婚姻和任务分工）都连在了一起。所有环节都因“性别价值衡量差异”而得以运转。

男性胜过女性

妮：这一切究竟是如何发生的呢？为达成与周围人和睦相处，或至少彼此合作的目的而禁止乱伦，这是男人女人应共同遵循的规则，但并不意味着男人就此便拥有了交换女人的权力。可是为什么女性甘愿接受男人的这般安排呢？

弗：要理解这个问题，我们必须推演出祖先们生存的世界。和我们一样，他们也喜欢观察自身生存的世界。他们研究自然、季节、白天和黑夜，也研究身体、出生和死亡，并试图解释那些自身无法掌控的发现。但他们也只能使用可掌握的工具——五官。他们没有显微镜、红外线或其他复杂的设备。那祖先们发现了什么呢？他们最重要的发现，便是在全世界的生物包括人类中，都存在性别差异。除了物种差异和个体差异外，他们必然注意到雄性和雌性这种处处可见的差异。在所有生物中，雄性和雌性总是拥有不同的身体器官：雄性的阴茎、雌性的外阴。我认为这在动物中也很容易观察到，当然主要是哺乳动物，而不是昆虫或海马。

妮：雄性器官和雌性器官是男女之间唯一无可争辩的差异，对吗？

弗：是的，这是两性在解剖学和生理学上的差异。这些器官所产生的分泌物也极具典型性：雄性排出精子，而雌性经常有规律地失血并分泌乳汁。这种性别的差异是显而易见的，我们的祖先自然也发现了。这可以说是最原始的观察。

妮：那之后发生了什么？

弗：我认为，人类思想其实就是在这些原始观察的基础上逐步建立起来的，他们发现了世界存在相同与差异。于是，世间万物都可据此分析并分类。有一些事物是相同的，另一些事物也是相同的，但这两者之间却不同。这便是我们祖先的思考方式，他们未发现区别于这一规律之外的例外。所有语言中都存在这种二元对立的分类，比如冷与热，干与湿，硬与软，亮与暗，高与低，主动与被动，健康与病弱……甚至在抽象领域也能找到值得深思的二元分类，比如抽象与具体，理论与经验，文化与自然……因而，我们的祖先相信人类自身也可根据这种二元法分类。男性与女性的对立就从这显而易见的差别中产生了。

妮：但从什么时候开始，男女的分类导致了“性别价值衡量差异”的出现？

弗：在语言中，这些有二元分类色彩的词汇都具有特定的阴性或阳性符号特征。例如，在古希腊人看来，炎热和干燥是阳性的，阴冷和潮湿是阴性的。二元分类在不同文化的传统社会中随处可见，而且都来源于具体观察。宰杀一头牛时，它会流血，当它失血过多就会变得一动不动直至死亡。那么，生命是流动和热，而死亡就是静止和冷。至于男人为什么是“热且干燥”的呢？那是因为他不会因生理原因而失血。而女人既“湿且阴冷”，是因为她每个月都会有规律地失血，且没有任何办法阻止其发生。

妮：“热且干燥”这个男性化标签优于女性“湿且阴冷”这一标签吗？

弗：二元分类就暗含着一种不平等。总是存在正面和负面，总有高级和低级。民族学研究发现，积极正面的类别总是和男性相关，而消极负面的类别总是和女性相关。这和类别本身并没有关系，在不同地区评价的标准也有不同。这一切取决于人们对男性和女性赋予的不同感情色彩。

妮：也就是说……

弗：例如，在西方，“主动”意味着直接采取行动，是有价值的，因此便与男性相关联。而“被动”则意味着不够受重视，与女性相关联。而在印度，恰恰相反，“被动”意味着平静，且这种平静是有赖于禁欲主义而达成的。这时，“被动”便是和男性相关联的，因为此时“被动”才是有价值的。而“主动”便被认为是混乱失序的、没有价值的，便与女性相关联。根据地点和时代的变迁，人们对一个看法也不尽相同，但唯一不变的，便是有价值的事物总是和男性相关联。

妮：两性从未被看作是简单的互补关系吗?

弗：这样的理论偶尔也能看到，但事实上总是存在一个强势性别和一个弱势性别，或者说，一个主要性别和一个次要性别。还有一个例子，在原始的狩猎采集社会中，男性负责用弓和长矛打猎并带回肉。虽然肉深受欢迎，但事实上，这些捕猎所得的肉类只占一个部落所需全部食物的 20%。女性所负责的食物采摘虽然看起来不太起眼，却为部落提供了 80% 的食物。几乎所有人类学家都认同这个比例，可见女性在部落生存中发挥着重要作用。但这并不妨碍在几乎所有地方，狩猎都被认为比采摘更有价值。男性在两性关系中时时处处压过女性，男性工作的成果也总被认为更有价值。

“过高的生育特权”

妮：也就是说，造成“性别价值衡量差异”的原因不是可观察到的解剖学差异或任务分配的不同……

弗：没错。我认为归因于另一个观察结果，那便是负责生育孩子的总是女性。我从男性的视角将其称为“过高的生育特权”。这里面包含了很多非常复杂的问题。

妮：可否为我们解释下……

弗：试着从我们祖先的思维模式出发。一个具有女性特征的人（或者直接称为一个女人），她和其他的雌性动物一样，能创造一个完全不同的生命体。您认为在我们祖先的思维模式下，他们会如何思考这个问题吗？一个女人能生出女儿，这似乎还能看作顺理成章，但为何一个女人还能生出儿子呢？女人怎么能生出和自己完全不同的生命体呢？而男人为什么不能生育和他们自己一样的生命体，不能生出儿子呢？

妮：这看起来确实很神秘，我们的祖先是如何解开这个谜团的？

弗：答案普遍是一样的。我们的祖先认为，如果女性能孕育出不同于自己性别的生命体，那这必然不是源自女性自身的能量，而是源于一种来自女性身体之外的能量。也就是说，是男人把孩子放在女人体内的。没人会否认孕育女孩儿的价值，因为她长大后也会孕育孩子。但儿子更有价值，因为是男性将其植入女性体内并使其孕育而出的。女人只是一个工具，一个载体。

妮：但儿子也是由女人孕育出的，所以女人也应该受到了一定程度的尊重？

弗：女性偶尔也会因此受到尊重，但这并不意味着女性会占有性别优势。因为男人需要解决一个非常实际的问题：既然他们没有“过高的生育特权”，那如何才能确定他们的孩子真的属于他们呢？为此，他们必须获得对女人的所有权。从怀孕到哺乳需要很长时间，有时要长达五年。即便到了五年，孩子对母亲的依赖也已成为习惯。因而，对于男人来说，他必须控制住这个能为他孕育儿子的女人，将其占为己有。

妮：如何占为己有？通过武力吗？

弗：武力，或者说，用武力威胁，但这并不是最主要的方式。关键是从孩童时期便开始剥夺女性的自由，剥夺她们成为一个真正的人的权利。换句话说，她们无法决定自己的人生，而只是作为一种繁殖工具存在，一种为男人孕育儿子的简单工具。同时，她们也被拒于知识的大门之外。因为学习知识让女人有机会了解男人，这可能为女性解放提供助力。

妮：所有文化都意识到，知识是解放的手段吗？

弗：是的，即便是在没有书籍、没有文字、没有知识的社会中，也总存在受人敬重、无所不知的智者。我在非洲萨莫人居住的土地上找到了这种说法的依据。女人们遇事会去问懂得天象和地理的人，问是否可以吃某种东西，是否可以采摘某种植物，何时采摘。了解这些问题的人会给出答案。在女人的一生中，她们当然也会不断学习，但总会遇到还不知道且必须要请教别人的新问题。当然，在文字和书籍出现后，女性被剥夺学习知识的权利的趋势就更为明显。西方社会长久以来一直禁止女性通过学习知识解放自我。直到近一个世纪以来，知识的大门才终于向所有人敞开。

妮：是否存在一种只由女性学习传承的特殊知识？

弗：是的，比如萨满巫师、接生婆……这些职业需要掌握的知识都是十分有限且个人化的。更加大众的知识掌握在男性手中。女性被限制在家庭生活中，被剥夺了学习大众知识的机会。一代代的女性受困于无知，又不得不接受这种命运的安排。她们毕生的使命就是生育（特别是儿子），喂养并照顾他们。

妮：这就是使得女性处于从属地位的手段：剥夺她们的自由和学习知识的权利，把她们终生困于家庭。

弗：其结果就是女性的权利被剥夺。所有这一切还常常伴随着对女性的贬低。

妮：为何甚至要贬低女性呢？

弗：这显然是必要的。若不诋毁女性，又怎能让女性心甘情愿地被剥夺学习知识的权利和自由？这是不可能的。所以必须贬低女性，必须要让女性感到自卑，告诉她们：她们之所以没有自由，是因为她们根本没能力掌控自己的自由；她们之所以无法获得知识，是因为她们本身就缺乏智慧和判断力；她们之所以无能，是因为天性轻浮又容易歇斯底里。

妮：所以，必须不断贬低女性，让她们觉得自己"原本"就是低男性一等。

弗：是的，造成"性别价值衡量差异"的这一系列原始观察，我将之称为"传统主导模型"。而至今，我们其实仍然生活在这种影响之下。想想我们今天如何向孩子解释一个小妹妹或者小弟弟的到来：要么是被鹳带来的，要么是从一棵卷心菜或一朵玫瑰花里长出来的。若是从生物学的角度应该怎么说呢？“爸爸放了一颗小种子在妈妈肚子里，种子会慢慢长大，有一天一个小宝宝就会从妈妈肚子里出来啦！”这看起来似乎没什么，但其实完全受到我刚才所讲的模型的影响。我刚才讲的只是一个普通的例子。但这个模型也会以罪恶的形式出现，比如，战争期间强迫女性怀孕的事例。

妮：男人强奸了妇女，为了不让她们流产，而长期囚禁她们……

弗：在西班牙战争期间，西班牙佛朗哥分子对女性说：“你们将孕育一个佛朗哥人！”这意味着个体的身份，包括政治和宗教身份，早早地就确定了，一切都包含在父亲的精子中。但我们也应该知道，一个孩子哪怕是因强奸而诞生，也会受到后天教育和环境的影响。

妮：而且政治和宗教的影响尤其明显……

弗：这些充满罪恶的行为向我们揭示了祖先的思考方式，而且我所说的“传统主导模型”现在依然存在并一直影响着我们的生活。

男人间的竞争

妮：是什么让男人们以贬低女性的方式无休止地争夺并占有她们呢？这是一场男性和女性之间的斗争吗？男性因被剥夺了“过高的生育特权”而报复女性？或者更确切地说，这其实是男人之间的斗争？男人们这样做其实是为了征服和羞辱敌方阵营的男人？

弗：这是男人之间的竞争。这场斗争早在分配女人的问题上就已存在了。在实行一夫多妻制的社会中，很多男人要打很长时间光棍才能娶妻，因为比他富有的权贵之士可以娶不止一个妻子。进一步说，男性会觉得其他同性是潜在的威胁，更不用说那时对受孕的偏见了。这也是为什么当强制受孕发生时，女性受害者总是遭到自己部落的排斥，因为她已不再被需要。当自己的女人和别的男人发生性关系时，男人容易走向极端，甚至杀人，为了达到女人始终只为他一人所有的目的。

妮：对于男人而言，他们认为其他男人的性是令人恐惧且厌恶的吗？在他们看来，如果自己的妻子、女儿、妹妹被其他男人“玷污”了，那她们就必须离开，甚至必须被处死？

弗：问题不是女人被玷污了，而是她的男人不仅因此受到了侮辱，还受到了威胁。我可以用人类学的方法对这个现象进行比较分析，虽然这看起来与我们的认知有很大差距，但事实上，这种情况离我们并不遥远。在古代社会中，如果一个女人同时拥有丈夫和情人，那么她的丈夫不但会因此受到羞辱，而且还会身处危险。因为他们认为，两种不同的力量在同一个阴道中相遇了。这两股力量并不是平等的，因为其中一方并不知晓另一方的存在。丈夫并不知道自己被欺骗了，也无从得知另一个男人把相同的物质也放入了妻子体内。在古代非洲社会，这被认为危险万分，人们相信两者中的弱者将会有死亡的危险。

妮：为何会为此丧命呢？

弗：他们认为这会让他们自己体内的物质无法正常流动。要么，他体内的物质会回流到生殖器，导致疾病的发生，比如阴囊象皮肿；要么，体内物质会随血液流向全身，导致咯血。很多结核病人将自己的发病归因于妻子的不忠，他们认为妻子的阴道中存在一种让他们发病的物质。这种物质是因为两个男人、两股不同的力量相遇而留下的。两股力量中的弱者会因这种物质发病，而弱者就是不知晓对方存在的那个人。情人，甚至强奸犯，都是知道另一股力量存在的人。只有被蒙在鼓里的丈夫处于弱势地位。

妮：这种描述通奸危险性的论调还存在吗？

弗：很多男人依然排斥与被强奸的妻子发生性关系，虽然妻子是无辜的，但她会让他陷入危险境地。在某些社会中，对于遭遇过强奸的妻子，男人仍会拒绝她，抛弃她，甚至杀死她。

妮：是否正因如此，男人便一直以来都拥有杀死妻子情人的权利呢？

弗：是的，其中一人必须死。此举是为了保护自己的领土，守护“荣誉”，也是为了自保。如果他杀死了自己女人的情人，便没有了竞争者。人们也认为他“洗去了血液中的耻辱”。多么令人震惊的说法！杀人流血竟被认为是洗涤耻辱。但要知道，在古代社会，精子被认为是血液，通过“用血液清洗”这个方法，男人消除了自己的精子与另一个同性的精子相遇的危险。这会迫使对方的精子流出自己和女人的身体。

妮：这和我们平时的观察何其相似：二马不能同槽，两头公牛也不能在同一片草地上！既然男人之间和雄性动物之间的行为如此相似，我们是否可以认为确实存在一种所谓的雄性天性呢？

弗：我不反对任何有关唯物主义的讨论，我们当然不能否认睾丸激素的存在！但我见过两头公牛在同一个牛圈中，如果两头公牛彼此熟悉且没有雌性在场，那这当然是可能发生的。但荷尔蒙的存在并不意味着不可控，人不是动物，文化和理性意味着对自我和冲动的控制。男人不会像雄鹿一样，一到发情期就顶着角到处嘶吼。

"有男人心脏的女人"

妮：尽管如此……总之，男人把女人的生育能力和"过高的生育特权"揽到自己身上的这些手段似乎都奏效了。

弗：女人的生育能力和男人的统治密切相关。不生育的女性完全不被放在眼里。我们可以看到，在几乎所有社会中，女性的身份都在更年期时发生了巨大转变，甚至接近男性。当然，是否能得到尊重还得取决于她周围的男人。根据奥斯卡·刘易斯的研究，在加拿大的皮俄根族（又译作"派岗族"）印第安人眼中，如果一个女孩儿的父亲非常强大且有影响力，同时她是最受宠爱的女儿，嫁给了一个有钱的丈夫，又生出了儿子，那么等到她更年期时，她会被认为是一个"有男人心脏的女人"。她将获得近似男人一样的自由，拥有其他女人被禁止享有的权利：她可以起誓，公开发言，喝酒，组织聚会，甚至站立小便！

妮：真幸运……在这种情况下，这个女性会更被看重，但她享有的依然是一种男性化的尊荣。男性仍然优于女性！

弗：是这样的。这类女性并不拥有真正的自由，也并没有接近男性的地位。而在很多原始社会中，更年期意味着女性生命的结束。当她老了、穷了，若此时没有丈夫或儿子的庇护，那她将被社会遗弃。很多时候，人们认为这样的女人不吉利，甚至代表着一种危险。

妮：男人不会为一个已经过了生育年龄的女人而决斗。那些无法生育的年轻女人的命运又如何？是否也非常不幸呢？

弗：不育一直被认为是女性的问题。古代人不像我们可以通过现代科学加以了解，而是通过具体观察获得与此相关的认识。男性只有阳痿才被认为是不孕不育的明显原因。事实上，不管在哪个时期，人们都知道没有发生性关系，女人就不会生孩子。

妮：即使是旧石器时代的人也已经意识到这件事了吗？

弗：当然，人类学研究已经证实，人类的祖先可能认为，生育的前提是有一个神灵进入女人的体内，但是只有通过性行为将她打开并受到“浇灌”后，神灵才能出生。这种想法的产生并不奇怪，在西方社会中，人们也有类似的想法，比如向圣母玛利亚祈祷孩子的到来。但也还是要通过发生性关系，才能得到圣母玛利亚赐予的孩子。因此，若男人不是性无能且性关系已经发生，而女人依然没能怀上孩子，那便是女人的过错。一个不能生育的女人被看作有缺陷的人，甚至不被当作一个女人。人们认为如果一个女人不能生育，可能是因为她曾有意无意地冒犯了这个世界。她将因此而被丈夫抛弃，被另一个女人取代。

妮：那只生了女儿没生儿子的女人，是否也被认为是有缺陷的呢？

弗：她们并非真正不育，但也不会受到重视。世界上很多地区都只把儿子看作真正的孩子。一个没有儿子的男人也被认为还没有孩子。而他没能生出儿子的妻子则被认为是有罪的。这样的妻子也很容易被抛弃和替代。

妮：原始社会都会抛弃这样的女人吗？

弗：普遍如此，但也有特例。根据英国社会人类学家埃文斯·普里查德的说法，在西非的努尔人社会中，一个不育的已婚妇女会重新回到娘家，被当成男人对待。她可以养牲畜，甚至娶妻。她将享有丈夫的权利，得到“妻子”的服务和尊重。为了让她的“妻子”怀孕，她还可以在其他部落雇一个男仆。但这个男仆并没有父亲的身份，她才是父亲，而且她的孩子们也都叫她“爸爸”。

妮：虽然她的命运看起来比其他社会不育的女人好很多，但很显然，她已经不是一个女人了。

弗：正是如此，女人的本质在于生育力。而男性对女性的控制，主要体现在男性将处在生育年龄的女性的生育力占为已有这一点上。

为男人服务

妮：对于男人而言，女人不但能给他生孩子，也能带给他快乐……难道这不也应成为男人守护女人，不被其他男人觊觎的理由吗？

弗：没错，女人伺候男人，给他们生孩子，让他们有快乐的体验。比如在古希腊、印度、日本，这些不同的功能甚至会由不同的女人来承担。妻子只承担生孩子的义务，其他女人提供乐趣，她们生下的孩子并不会被承认。以古希腊为例，妻子深居闺中，受人尊敬，丈夫与她发生性关系只是为了生儿子。此外还有妾，她们住在家里，承担家务劳动，要为男主人提供一个舒适的家庭环境，要做饭洗衣，还要为丈夫提供日常欢愉。更复杂的娱乐需求，同时涉及性生活和精神领域的，便是高级娼妓的范畴了。她不做家务，而是陪男人参加聚会、讨论哲学，最后会和男人睡觉。除了高级娼妓外，也有单纯提供性服务的普通妓女，但她们和男人之间不存在精神上的交流。

妮：也就是说，多个女人为同一个男人服务……女人们以不同的角色为男人服务，这种情况在古代社会普遍吗？

弗：并不。在大多数社会中，这些角色都集中在一人身上。妻子仍是儿子的母亲，是操持家庭的主力和性伴侣。

妮：无论如何，女人的身体完全属于男人，她们的毕生使命就是满足男人的各种需求……

弗：这里需要了解到，禁止乱伦与为了生育和快感而发生的性关系之间联系紧密。也就是说，理论上，所有男人都有权得到一个女人，除了那些已经有主的女人。一个不受男人保护的女人，就意味着可被挑选。男性的性冲动总被认为是合理合法的，是天赋之权。我将之称为“男性性冲动的绝对合法性”。

妮：这种冲动是否一直被认为是不可抑制且合法的呢？

弗：是的，这也是“传统主导模型”的表现之一，而且直到今天，我们也没走出这种影响。男性性冲动的合法性从未遭到质疑，它被认为是一种天性，一种只有男人才配拥有的天性。女人必须要满足男人。相反，女人的性欲受到严格抑制。在很多社会中，女性婚前必须保持处女之身，婚后必须忠于丈夫，通奸要受到严厉惩罚。单从这一点看，婚姻就像是一个性关系的专属契约。

妮：既然男性的性欲被认为是无法抑制的，但为什么这种欲望通过女性的身体得到满足是正当合理的呢？

弗：到底为什么呢？在我看来，控制这一生理需求是很有可能实现的。有些男人忠诚于伴侣，甚至不近女色，他们成功战胜了这一欲望。当然，还有许多让男人释放过多精力的其他方式。但社会似乎还是认为男人需要通过女人的身体得到满足。

妮：所以他们追求的是愉悦感还是征服欲呢？男性的快乐可能还包含着对女性身体的暴力，或者说对弱势一方……

弗：性行为中的进入与被进入关系确实存在暴力倾向。弗洛伊德和甘地都认为，暴力的最初表现形式就是性行为的进入。这也同样发生在男人之间。根据保罗·韦纳的观点，在古罗马，被进入的一方会受到极端的鄙视。如果一个自由民被奴隶在性行为中进入了，这将是极大的耻辱，他的身份也将就此结束。反之，则无伤大雅。一个古罗马公民从年轻男性身上寻求满足，并不会被当成同性恋。

第二节 暴力与权力

母权制的幻想

妮：所以男性向来是有权选择和掌控的一方。难道从来没有一个女性占主导地位的原始社会吗？我们不是一直都在谈论原始的母权制社会吗？

弗：古老的母权制曾被视为历史事实，也曾因一些学者的研究而风靡一时。但今天看来，这种观点已不具备太大的可信度。瑞士人类学家和法学家约翰·雅各布·巴霍芬曾提出，古代社会有一段时期是由女人掌权的。后来女人失去了这个权力，权力落到男人手中，父权制取代了母权制。这件事就在世界各地发生了。

妮：巴霍芬提出这个理论的依据是什么？

弗：巴霍芬的理论完全无法在历史上找到依据，他以古希腊人以古代蛮族为基础创造的神话故事为研究蓝本。对古希腊人来说，蛮族是外来人，是所有除古希腊人之外的人。这些神话中提到了由女性主宰的社会。要么这些完全只是传说，与事实大相径庭；要么可能与已被证实的事实相关，但并不具备巴霍芬所赋予的意义。因为他只考虑了古希腊人对异族的看法，而这个看法很可能带有贬义。古希腊人在异族社会中恰好看到了异样和糟糕的一面。在他们看来，野蛮的极致便是女性统治社会。

妮：但很多时候，神话不正是对古老世界的映射吗？

弗：神话主要有两大类型。第一类是克洛德·列维－斯特劳斯曾阐释过的动物神话，可能与人类的原始行为相关。这类神话讲述了人类和动物曾共同生活在矿山中，而后因为语言的出现，人类和动物逐渐分离，并最终彻底离开动物世界。第二类则旨在证明现存社会秩序的合理性。这类神话会讲述之前的社会是如何糟糕，以此说明必须打破它才能够建立一个新的美好世界。

妮：是不是类似"失乐园"？

弗：不，正好相反，他们讲述的是一个糟糕的旧世界。这种类型的神话非常多，可以说遍布世界各地。例如，在阿根廷的火地岛，可借鉴马丁·古辛德和安妮·查普曼的作品。传说最早的时候，男人对女人卑躬屈膝。女人住在舒适的房子里，过着天堂般的生活，没有任何物质的烦恼。而男人们住在房子旁边，只能匍匐进入的平屋。男人因为害怕女人的超自然能力，所以从来没有进入过她们的房子。女人们在里面打击响板（一种能发出很大声响的乐器），而男人听到这如野兽咆哮般的声音，以为神灵与女人同在，增加了她们的力量。终于有一天，其中最勇敢的男人，匍匐着一点点靠近房子。他听到房子里传来女人的嘲笑声，她们一边嘲笑男人是如此轻信又愚蠢，一边庆幸能得到如此优待。这个男人把所闻告诉了同伴，于是他们决定改变这一切。他们冲进女人的房子，把除小女孩儿之外的其他成年女人全部杀死。男人们很清楚，新秩序要从小抓起。小女孩儿们就在这种新的思想中长大：女人总是低人一等，必须对男人忠诚且顺从。自此，他们建立了人类社会的新模式：权力掌握在男人手中，女人要服从于男人。

妮：*总而言之，神话的存在是为了巩固个人既定的命运……*

弗：就是这样。还有一个神话的例子，可以解释男性和女性角色的划分。据莫里斯·古德利尔所说，在新几内亚有这么一个传说，初生的世界糟糕又混乱，女人拥有创造的能力，她们发明了很多东西，却也滥用了这项天赋。她们发明了弓和箭，却不知道向前拉弓射死猎物，反而向后射死了她们身后的男人。男人并没有教女人应该如何正确地射箭，而是直接从她们手中夺过弓箭。这类神话中总有各种稀奇古怪的发明，比如，多贡人发明了可以与神灵沟通的长笛、祭天的服装。然而女人发明的这些东西只有男人才懂得如何使用。在这些神话中，女人发明东西就像生育孩子，没人能说清其中的缘由。不过“幸运的是”，还好有男人为女人买单……

妮：难道现实中没有任何一个部落的女性能逃脱男性的掌控吗？那些为了更好射箭而不惜割掉乳房的亚马孙女战士呢？一提到这种做法，我就不寒而栗。

弗：光是想想切割的动作（传说亚马孙女人会自己动手或互相帮忙）或留下的疤痕，就让人难以置信！这只是一个传说，远非现实。这是一种臆想（在这个例子中针对的是古希腊人），因为自己所在的地方不存在这种情况，而猜想在其他地方，女人掌握了选择权。亚马孙女战士会选择男人传宗接代。她们的行为举止像男人，甚至以割乳否认自己的女性特质。

妮：那是否有真正的女战士呢？

弗：高卢有女战士，达荷美王国也有。但一般来说，女战士只是一种荣誉或附属，主力还是男性士兵。

妮：这些女性不作战吗？

弗：只在某些特殊的情况下。但要注意其中一个具有启发性的事实：在高卢的军队中，对非洲或美洲印第安的一些部落来说也一样，打仗的女性战士只能是年轻的处女和更年期的妇女，育龄期的女性不能参与战争。有些社会认为小女孩儿和更年期的妇女更接近男性，也是这个道理。这就需要我们重新回顾那个关于血液和能量的古老理论。未经历初潮的少女和闭经的女性能够像男人一样积聚热量；育龄期的女性因为失血，所以能量和精力流失。她们的任务是生育，而不是打仗。

妮：所以这些女战士不能作为女权存在的证明了吗？

弗：高卢可从未有过母权制时期。这些女战士也并非特例，反而体现出一种常规和普遍的思维。男性统治的基础，是对女性生育力的掌控。不在育龄期的女性免受控制也是出于这个原因。

妮：我始终试图寻找女性相对自由的时期的证据。历史学家发现了有丰满乳房的女性雕像，这难道不能证明女性祖先曾有过一段充满荣耀的时期吗？

弗：这些小雕像代表着母性，而女性外表下揭示出的，是神秘的生育力。这些雕像应该代表了育龄期的女性。制作这些雕像可能是为了歌颂生育，赞美女性丰满美丽的身体……现在已无从知晓。但对神秘的生育力的崇拜，并不能等同于对女性的崇拜。这些雕像并不能证明女性掌控的权力曾高于男性。

在父亲和丈夫的权威之下

妮：雕像流露出的母性确实不像旧石器时代更健美的真实女性……不过，在距离现在更近一点儿的时期，我们还常提到一个女性掌权的例子。在一些非洲和印第安社会，亲属关系和遗产都是靠女性传承下去的。

弗：这就是所谓的“母系氏族制”。科特迪瓦确实有关于母系氏族制起源的神话。这也再一次证明，神话通过描述过去的乱象，来巩固现有的社会秩序。在马克·奥热讲述的这个神话中，最初，父母亲对孩子拥有同等的权利。有一天，部落受敌人威胁不得不逃亡。为躲避追捕，他们要渡过一条河流。河神要求用一对童男童女献祭，方可让他们通过。酋长为拯救部落,让自己的妻子放弃一双儿女,但酋长的妻子坚持不允。这时，酋长的妹妹挺身而出，说：“把我的儿子和女儿带走吧，让我的族人得救！”于是，酋长妹妹的儿女牺牲了。从此，酋长定下规矩，男人的地位和财产再也不由儿子继承，而由父亲姐妹的儿子继承。

妮：也就是说，孩子不是继承自父亲，而是母亲的兄弟。

弗：就是这样。母系氏族制社会就这样出现,至今依然存在。地位、土地、财产不是父传子，而是舅舅传给外甥。但即便在这样的社会中，女性也并没有获得更多的权力。虽然不可否认，男人无法在孩子面前树立父威，孩子与舅舅的关系更密切，但他对自己姐妹的孩子是有权威的。

妮：那男人在自己的姐妹面前是不是也有权威呢？

弗：是的。而且在夫妻关系中，男人在妻子面前也有更多权威。

妮：所以男人的妻子和姐妹只是表面的赢家。

弗：不幸的女性！我刚才说的，男人在他姐妹面前有权威，意味着男人们通过婚姻，交换了对姐妹的权威。此外，他们还可以命令自己的姐妹，比如，要求她们在自己出战或狩猎前准备食物。

妮：是不是所有的母系氏族制社会都是建立在丈夫和兄弟的双重权威之上？

弗：大多数情况如此。易洛魁人应该是最接近真正的母权制的。根据朱迪斯·布朗的研究，印第安易洛魁人的亲属关系按母系确定，女性和丈夫、孩子一起居住在原生家庭中；大家族的管理者都是女性，她们负责为女性分配工作和分发食物，甚至在战争等重大事件中也有发言权。这些女性确实手握权力，但我们要注意到，掌权的都是年纪较大的女性，也就是没有生育力的女性。所以她们拥有的并不是真正的权力。男性对女性生育力的控制依然未被动摇。

妮：由于男人对女人生育力的控制，所以“性别价值衡量差异”出现在了几乎所有原始社会中吗？

弗：一旦找到这个基本规律，我们就可以在最早的狩猎采集社会、后来的游牧社会和农耕社会中看到各种各样的情况。非洲的布须曼女人有着几乎和男人同等的地位，甚至在日常生活中承担了更多责任。但在其他情况下，女人被彻底轻视，完全被男人支配。

性别歧视能杀人

妮：我们不难发现，这种由“性别价值衡量差异”产生的不平等有时甚至能走向谋杀。而且这种威胁很早就有了，女性面对的第一次生命威胁，就在出生之时。即便在今天，我们仍能看到这种抛弃女婴的情况，抛弃无异于谋杀。您在古代社会中也发现过这种谋杀女婴的情况吗？

弗：自古就有。但幸运的是，根据我的研究，这并不是一个普遍的情况。有些社会认为龙凤胎是不祥之兆，必须去除其一，而被放弃的往往是女婴。然而，即便是在不舍弃女婴的社会中，性别歧视依然非常严重。社会对男性的认同和对女性的蔑视，使得一个一事无成的男性也要比一个优秀的女性更有价值。从女性出生起，这种歧视就至少在精神层面对女性造成了严重的伤害。不仅局限于此，对女性的歧视还会发展出对身体的暴力，甚至您说的谋杀。这种暴行由“有权威”的男人施加在女人身上，就算并不正当，也能得到一定程度的默许。

妮：原始社会中也是这般情况吗？

弗：在从旧石器时代延续至今的狩猎采集社会中，情况差不多。不过，卡拉哈里沙漠中的布须曼人，还有俾格米人，他们的男女关系并不如此对立。但在有些部落，比如火地岛的部落，或者捕鱼为生的印第安部落，男人对女人的压制非常残酷。很明显暴力自古存在，但又不可一概而论。即便是在同一文化中，不同女性的地位也不尽相同。部分女性地位高，但并不意味着这种文化中就不存在性别不平等了。看西方国家的历史，米歇尔·佩罗之后肯定会提到瑞典的克里斯汀、英国的伊丽莎白一世或者俄罗斯的叶卡捷琳娜二世……

妮：她们是真正“有男人心脏的女人”……

弗：她们已不仅仅是女人，她们因出身和财富获得尊重，拥有了男性的地位。我们不能仅凭这些特例就断言，其他女性没有获得这等地位，是因为天生就不如男性。

妮：让我们再回到原始社会中女性遭受的暴力问题……根据您对原始部落的了解，您认为旧石器时代的女性会在“工作场所”中遭遇性骚扰或被强奸吗？毕竟，采摘果实的灌木丛可一点儿不比农场、工厂或者办公室更安全。

弗：会遭遇性骚扰的女性，都是没有男性保护的。因为依据那个时代的逻辑，一个不受男人保护的女人，意味着属于所有男人。不过，这种情况在原始社会中其实很少见。所有和女性有关的男性亲属都会庇护她，即便是没有父亲的少女，也受到叔叔、兄弟和堂兄弟的保护。因为女性是家族的财产，可用来和其他家族的女性进行交换。男性要想娶妻，就必须以家族中的女性作为交换。尤其在看重女性贞操的古代社会中，女性受到了高度保护。

妮：有了男人的保护就可以防止其他男性接近。

弗：是的。但是一个有男人保护的女人若是被人强奸了，会受到残酷的对待。

妮：因为人们会认为这是女人的错……

弗：正是。而且她原本的保护者也会联手打压她，把错都怪到她头上。在这种情况下，她要受到处罚。自古以来，多少女性为此而遭到父亲、兄弟甚至丈夫的残害，而她才是无辜的受害者。

性别歧视能致残

妮：我们已经了解到，语言暴力和身体暴力不同程度地存在于各个时期的社会中。除此之外，对性器官的残害也一直存在吗？

弗：许多部落都有残害性器官的做法，并且出现在很早以前。目前还没有哪项研究可以证明这种做法最早发生于何时。

妮：有哪些类型的性器官伤害呢？锁阴、割礼……应该是不同类型的伤害吧？

弗：是的，光是割礼就有很多不同形式，比如割伤阴唇，割掉阴蒂，或是割去整个阴蒂和阴唇。锁阴是一种极端的做法，把阴蒂和小阴唇都割掉，然后将大阴唇缝合，只留下一个让尿液和经血流出的小口。婚礼当晚，丈夫会用匕首将缝合处割开。在某些情况下，比如生完孩子或丈夫离开，阴唇就要被重新缝合。

妮：这听起来比亚马孙女性的割乳还可怕……那时没有麻药和抗生素，导致许多女孩儿死于感染。即便是活下来，也要带着疤痕、忍受着痛苦度过余生……如何解释这种做法呢？

弗：在解释之前，我必须要说明我绝无为此辩护之意。在所有实施割礼的社会中，人们丝毫不认为这是对女性的残害。他们认为这种做法有正当理由，且一直出于同样正当的动机。首先，我们注意到，这些社会在伤害女性性器官的同时，也都定下了男性割礼的习俗。当然，两者完全不同。男性割礼是切除阴茎上的包皮。身体上的疼痛和其象征意义完全不同于割除女性身体内部某物，但丝毫没有影响社会将其混为一谈。对这种做法最普遍的解释是，为了把最像异性性器官的部分去除。女性要去除阴蒂上能勃起的部分；男性应切除看起来像阴道的包皮。

妮：割掉包皮不是被认为能增强男性的性能力吗？

弗：是的，但女性的割礼可不是出于这个理由。

妮：那锁阴是出于什么目的呢？

弗：当地有一种解释是说，在炎热干燥的地区，女人只有保持身体内部的湿度，才能正常生育。这些做法都是社会对男女的意识的反映。这些意识根植于社会中，不是所有个体都能认识到的。

妮：这是否也是男人想要独占女性身体意志的体现呢？因为如果性对女人来说是一件非常痛苦的事，那她就不会再找别的男人……

弗：锁阴确实可以体现这一点。男人会认为女人只需完成妻子的义务就足够了。但是女性割礼，有所不同。在我看来，消除女性性快感并不是割礼的目的。非洲萨莫族女性的割礼是在阴唇处割开几个口子。在与当地众多女性交谈后，我发现她们虽然有对性生活的担忧，比如不满一夫多妻制，但她们很清楚性快感是怎么一回事儿。

妮：但那些被切割掉阴蒂的女性就很难……

弗：这是真的，但目前还没有人就这个问题做过研究。

妮：但我还是很想知道，这难道不意味着男人无法接受阴蒂吗？于男人而言，一个“好”女人，应该是感受不到性快感的，只要能在性行为中满足男性不就行了吗？而阴蒂这个额外的性器官，在生育中是无用的，所以男人不会认为阴蒂很碍事儿吗？

弗：是的，作为女性可见的性器官，阴蒂的存在确实尴尬，因为它是男性性器官在女性身体上的体现。但是要说为了消除女性的性快感，其实是以我们现在的标准在衡量。

妮：或许这对女性来说还意味着一种与生育无关的性快感，所以是一种充满危险味道的自由……为什么母亲会监督女儿完成割礼呢？

弗：在这些社会中，男人们总是如此表态：“我们对此无关，是女人要这样做的。”动手的确实不是他们，但要求这样做的就是他们。母亲之所以给自己的女儿做割礼，并不是想伤害她，而是希望她能有个好的婚姻。母亲们知道，如果自己的女儿没有接受割礼，就不会有男人愿意娶她。未受割礼的少女被认为是不洁的，非但找不到丈夫，而且还会因此落入风尘。不管怎么说，她们会因此而被排斥。所以现实中，男人手上未沾一滴血，就强行让女人执行了割礼。这些做法都是为了满足男性。

妮：让我们暂时回到当今世界。现在仍有一些社会实行割礼，您认为对此种做法进行干涉是正确的吗？

弗：我认为对女性割礼进行干预是尊重人权的体现，更是对女性的保护。起初，非洲女性并不接受西方对女性割礼的反对："我们的事不用你们管，这是我们自己的文化。"一段时间过后，她们转变了看法："我们除了拒绝你们的帮助别无选择，但其实你们帮助了我们，是你们帮助我们让我们国家的男人和政府意识到了问题的本质。"

妮：所以您认为"这是我们自己的文化"这种说法是不能接受的吗？

弗：不能，因为并不存在所谓的自主文化，就是说特殊的、明显区分于其他文化的文化。我们在面对男女是否已经平等这个相同的问题时，答案是否定的。不管在欧洲、亚洲、非洲……无一例外。所以，这不是一个文化差异的问题，而是男女平等的问题。西方在18世纪后才提出两性平等的观念，然而至今也并未完全实现。我们已经走了很长一段路，也在努力把其他社会引上这条路。希望我们的成果能为女性实现自由之路提供助力。

“世界上最古老的工作”

妮：让我们先不说今日事，再聊回古代社会中女性所遭受的暴力。一直以来，卖淫都被认为是某些女性不得不接受的命运。那么卖淫真的是传说中“世界上最古老的工作”吗?

弗：首先，我不认同这种所谓“世界上最古老的工作”的表述。卖淫从来都不是一种工作，如果卖淫是一种工作，那我们可以很自然地向孩子介绍它。但即便在现代社会，我也从未见过哪个家长会对自己的女儿说:“你将来可以成为首席执行官、空姐、秘书、妓女。”任何一个社会都不会将卖淫视作一个正常的职业选择。只是很多情况下，卖淫虽不能被看作一种职业，但可以被看作一种身份。在希腊古城拜占庭，红灯区的卖淫女子要是生下女儿，那这个女孩儿便只能终身卖淫，而如果生下的是儿子，那这个男孩儿将被杀死。

妮：男婴因性别而成为受害者？

弗：在拜占庭妓院浴室的管道里，发现了数百个被弃男婴的头骨。妓女的女儿即便能活下来，也要在很小的时候就被迫走上卖淫之路，通常在 8 到 9 岁，她们就开始接替母亲的营生了。在这一特定背景下，男婴被杀其实从另一角度证明了男权对女性的控制。男人只想要女妓，所以还是为了男性性欲服务，才要把男婴都杀死。

妮：所以妓女不是一种工作，而是一种身份。那这种身份是自古就有的吗？卖淫一直都存在吗？

弗：我没有充足的证据回答这个问题，但在我来看，妓女身份并不是自古就有的。只要伴侣是正当的，史前男性的性欲可以以更自由的方式随时得到满足，可以参考电影《火之战》。而目前民族学对狩猎采集社会的研究也表明，卖淫（用金钱交换性）并不存在。在非洲萨莫部落中，我发现了一种身份特殊的女性——“野女人”。她们生活独立，有性伴侣，却不是妓女，因为她们不接受为性服务付费。

妮：她们“野”在哪里呢？

弗：她们没有丈夫管教。这并不意味着她们从未有过丈夫。每个萨莫部落的年轻女性都会出嫁，即便长相丑陋或疾病缠身。成为寡妇（大多数是因为年龄差距太大），或自愿与丈夫分开后，有些女人决定不再回到父亲和兄弟的控制下。她们变得自由，也变得“野”了。她们自己谋生，并拥有自由的性生活。如果生下孩子，那孩子属于某个情人，而不是曾经对她有控制权的丈夫。

妮：所以说在萨莫部落或者在其他原始社会中，是存在女性性自由的案例的，她们并不是妓女。

弗：是的。狩猎采集社会是由一个个小型群体组成的，完全靠大自然的赐予生活。在我看来，卖淫应该是在货币流通和更有组织性的生产模式出现后才产生的。

妮：那最早可以在哪个时期找到相关的证据呢？

弗：古埃及记录金字塔建造工程的莎草纸上，提到了供工人找“小姐”的小酒馆。那个时候的表述和现在相差无几，称呼她们为“小姐”“公共女人”。她们给男人带去快乐和安慰，男人则用钱交换她们提供的服务。古埃及是一个等级森严的社会，为法老效力的工人远离家庭，也远离妻子。当国家、贸易、工艺制造、工业和大型的社区，直至早期城市生活出现的时候，卖淫也就出现了。

妮：那卖淫是如何开始的呢？

弗：从付钱开始。当然，在以往正常的性关系发生后，男人也会送给女人诸如食物、珠宝等各种东西。但卖淫就是付钱后才能发生性行为。

妮：那为性服务付费的这个想法是怎么产生的呢？旧石器时代的男人肯定不会为强占女人而进行任何物质补偿的……

弗：我认为付费和赔偿有关。被强奸的女性的男性亲属会得到赔偿。因为他们认为，女性失去了作为交换物的重要价值，对家庭造成了损失。这还是对女性的交换，是男权统治的体现。女性成为男人为传宗接代而互相交换的一种价值。

妮：所以要是一个女孩儿被强奸，她的父亲或兄弟能获得一些东西？

弗：是的，损失会根据明确的规则得到赔偿，一般是赔钱。针对其他类型的伤害，赔偿的数目都有明确规定。挖掉一只眼睛要赔这个数，砍掉一根手指头要赔那个数……这些惯例在恺撒时期的日耳曼蛮族中也存在。这是法律形成的基础之一：赔偿可平息不满，阻止复仇和战争。用和平的方式解决争端，这是文明的一大准则。

妮：在女孩儿遭遇强奸后，收到赔偿的是她的家人而不是她本人。那又是如何从赔偿变成了卖淫呢？

弗：我想可能出于某些特殊的原因，钱直接给到了女孩儿手中。这算是一种不要再让她有所抱怨的方式。于是，一种习惯悄然形成：强奸、付钱，卖淫就此开始。但这必然只能发生在已经出现城市生活、首领和国家权力的文明社会中。卖淫盛行的社会从未质疑过男性的性冲动，以及男性为满足自身快感而占有女性身体的权力。我们必须意识到这是对女性犯下的滔天大罪！

妮：但是，女性性欲从未被认为是合理且不可抑制的。

弗：即便在今天，交往过多异性的女性还会受到敌视。已婚妇女找外面的男人是令人无法想象的。就像女人随便看到一个陌生男人就上前说“你让我高兴了，愿意的话，我可以付钱给你”一样无法让人接受。

妮：人们向来认为，女性性欲更容易被控制。

弗：可这又是谁告诉我们的呢？是男人。但事实上，没有人证实过这一点。另一方面，女性向来被教导要控制和掩盖欲望。而男性的欲望则更加被重视和鼓励。而且，"女性天性"被认为应该受到压制，而作为自己主人的男性是理性的，"男性天性"不能也不应受到控制。人们总觉得老无所依或长相丑陋的男人应该找一个善良的女人减轻痛苦。但孤独的老妇人的性需求向来被忽略，甚至还会受到嘲笑。至于强奸和卖淫，至今也没有合适的心理和社会方法可以彻底把它们消灭（把强奸看作是对女性，而不是对其丈夫或父亲的犯罪，也不过是近些年来的事）。

妮：在古代，女性从来都不能自由选择出卖身体，是吗？

弗：女性有权出卖身体这种说法，其实是在掩盖男性有权购买女性身体的事实。金钱的交易让男性免去了义务和负罪感，而女性则因此被奴役。此种思考逻辑忽视了皮条客这个古老的角色，也忽视了女性以卖淫为生的非自愿性。就算开始是自愿的，但一旦进去就只能被迫继续。妓女还会遭受到威胁和暴力。没有一个女人会梦想一直成为妓女，成为妓女也并非她们不可避免的命运。

自由的小空间

妮：在远古部落，男人有没有其他途径拥有除合法妻子之外的女人呢？

弗：只有严苛的社会才会遵循一夫一妻制，提倡对伴侣的忠诚。诚然，古代社会有很多不尽如人意之处。例如，强奸甚至被视为教导女性学会顺从的一种方式。但我们也欣喜地看到，也有很多社会允许少男少女以自愿自由的方式结合在一起。

妮：比如说呢？

弗：比如萨莫部落的“野女人”！还有，西非很多地区都存在婚前同居的现象。不过，这些女孩儿在出生时就已经与一个成年或青年男性缔结了非自愿的婚约，并会继续住在自己的家中。进入青春期后，她就会履行父亲所谓的“青春期牺牲”约定。在此之前，她不被允许发生性行为。父亲也不会在她进入青春期时就让她立刻做出这种牺牲，通常会等待一段时间，这取决于父亲。完成“青春期牺牲”后，女性方可完婚。所谓完婚，并不是让她马上就能和有婚约的丈夫生活在一起。准丈夫要先为女方的父亲干活儿，算是送给岳父的礼物。而女孩儿可以有一个既非原生家庭成员也非未来丈夫的婚前情人。她还住在自己家里，等待情人每晚来找她。这种情况会持续两到三年。有了第一个孩子后，她才可以和丈夫住在一起。

妮：这个习俗可以说明什么吗？

弗：这个习俗带有明显的宗教色彩。在萨莫部落中，初次的收获（性和生育的果实），是不属于家族血统的。第一个婴儿就属于初次的收获，接近大地和神明。他虽然生活在人类社会中，但留有神明的印记，是神明赐予人类的礼物。

妮：这种习俗在现实中，会给女性带来一定程度的自由吗?

弗：女性可以借此在结婚前获得爱和性的满足。她们没有权力选择嫁给谁，而她的丈夫将成为所有孩子的合法父亲，包括第一个孩子。至于男人，即便是已婚的男性，也可以被选为婚前情人。在妻子哺乳期间，他们不能和妻子发生性行为。被选为未婚女性的婚前情人，对他们来说就是个好机会。

妮：但这对女性来说并不是一种平等的方式。

弗：是的。在其他原始社会中，还有各种模式，但没有一种承认男女平等。

第三节 西方的起源

柏拉图与野兽式男子气概

妮：古老的两性关系问题一直绵延于人类历史中。追溯西方思想的起源，古希腊哲学家，尤其是苏格拉底的门徒——柏拉图，认识到了当时社会中普遍出现的性别不平等吗？他认为这是不正常的吗？

弗：柏拉图和许多追随他的哲学家一起陷入了同样的矛盾。他们从理论角度用抽象的方法设想了两性平等，但未能摆脱那个时代的思想束缚。尽管他已经做了足够深刻的思考，但因受到时代和个体的局限而看不到盲点。每个时代的人都有其盲点，这是不可避免的。此外，极少数思想家以理性为名，捍卫着与时代主流话语相悖的观点。尽管他们的言论合乎逻辑，却没有多少人能听到。

妮：即便如此，柏拉图确实肯定了男女平等？

弗：是的，他认为女性劣于男性的观点经不起逻辑的推敲。但我认为，对于他和许多哲学家而言，抽象概念上的两性平等与实际的男女关系之间，仍有着微妙的区别。我对柏拉图感到最震惊的一点是，他认为的两性平等只适用于有一定社会背景的女性。只有出身于古希腊公民家庭的女性，才能享有男女平等的权力。

妮：那其他女性呢，出身平民、农民和奴隶的女性又是怎样的呢？

弗：对于这些女性而言，就不存在男女平等这回事了。柏拉图在对公民的构想（就是他所谓的“民主”,但实际上是由“公民阶层”组成的贵族统治）和对真正平等的两性观的思考中进退两难。

妮：那我们将讨论范围缩小到具有公民身份的男性和女性中，柏拉图又是如何设想这种平等的实现呢？

弗：他把两性分开来看。他认为，女性和男性是平等但不同的。女性不能分享男性的权利，但可以在女性的范围内享有类似的权利。比如，女性可以举办专门的女性宴会，在宴会中消遣或探讨哲学。我不确定古希腊社会中的女性是否真的享有仿照男性权利的这些权利，但这是柏拉图的设想。

妮：但您也认为柏拉图是他那个时代思想的囚徒。这又表现在什么地方？

弗：在他的文字中反复出现对男女差别的认可和对男性优越性的承认。比如，柏拉图设想了人的灵魂转世为动物，以及某些动物死后转世为人。一头勇敢的雄狮能够转世为一个男人；而一个不够勇敢的男人，一个配不上称为男人的男人，将转世为女人。

妮：后者比不上前者……

弗：后者因缺乏男子气概而受到了惩罚。柏拉图认为，动物低人一等，但雄伟、凶悍、勇猛的兽性，符合人类的男子气概。所以，猛兽才能转世为男人。但这只关乎一小部分动物，不是所有物种的所有雄性动物都如此。

妮：比如我觉得这和兔子就没关系。

弗：即便是最优秀的兔子，也必须先历经转世为女人的炼狱，才有可能再转世为男人。柏拉图看到了动物兽性和男子气概的相似性，这种相似性甚至比男女之间的更高。这让我觉得，柏拉图一直被困在身处的文化体系中。同样地，他认为精子承载了构成人类的所有重要物质：生命、肉体、灵性……总而言之，柏拉图通过反思，承认了女性获得平等的权利，但这种平等仅限于社会上层的女性，也就是男性公民的妻子、母亲和女儿，且要以男性作为典范。

亚里士多德的“烹煮”

妮：柏拉图关于精子承载着人类必备品质的观点，被其学生亚里士多德继承。亚里士多德也是西方思想体系的开创者之一。

弗：在亚里士多德的著作《动物志》一书中，有关于这个问题的重要阐释。他认为有必要对女性因母亲职能和家务而受到压迫的情况做出解释。他以一种复杂的哲学组合方式进行了解释，但其实也不过是用学术的语言，论述了那个时代的信仰。他先是批判了前人荒谬的见解。譬如有人认为，可根据孕妇怀胎位置靠右还是靠左，判断婴儿的性别。还有人认为婴儿的性别和精子的出处有关：因为右侧睾丸比左侧热，所以来自右侧睾丸的精子是男孩儿，左侧则是女孩儿。

妮：亚里士多德是如何摒弃这些观点的？他并没有掌握更先进的科学知识啊！

弗：亚里士多德的哲学思想虽精炼，但其实走的还是原始社会的路径——基于对事实的观察。他认为血液承载着热量和生命，所以至关重要。就像祖先一样，他在生命、热量、循环和血液之间以及失血、静止、冰冷和死亡之间搭建了一根链条。亚里士多德就此阐释道，血液自人类诞生的那一刻起就存在，通过食物在人体内的“烹煮”，即消化，为生命提供了源源不断的养料。消化有助于新的血液产生，且适用于所有男性和女性。但男人体内的热量比女人更多，因为他们不会每个月定期失血。男人多余的热量，让男人变得干热，也让男人完成了第二次“烹煮”，亚里士多德将其称为“煎煮”。男人体内的“煎煮”产生了精子。而女人无法完成这个过程，将血液转化为乳汁。

妮：这听起来也没有特别糟糕……

弗：但亚里士多德并未止步于区分体液的差异，还将之进行等级划分，以解释社会秩序。他认为从食物到精子要优于从食物到乳汁。在亚里士多德看来，精子是完美的，纯度高且可挥发。它不会腐烂，就像水最终会蒸发一样，不会留下任何残留。

精液中有着万物本源之气，那是生命最初的能量。这种气与能量可以将生命传递到女性体内。

妮：所以女人仍然只是一个容器？

弗：更像是女性体内有一种具有繁殖力的混乱物质，需要受到气的征服和调整，女人才能生下孩子。通过发生性行为，男人滋养和塑造了胚胎，让胚胎具有了人形。否则，女人就有可能会生出奇怪的东西。

妮：比如什么呢？

弗：亚里士多德给出了只有女性体内的物质参与会导致的可怕结果。首先是，孕育出女儿。亚里士多德认为，如果男性的精子足够强壮，承载了代表男性的三种力量，那么不可能孕育出女儿。

妮：三种力量是指什么？

弗：第一种是男性共有的力量，第二种是个体的力量（一个男人在生命某个时期的力量），第三种是在性行为中产生的力量。在理想情况下，如果男性的三种力量在孕育过程中占主导地位，那么将生出一个像他父亲一样的儿子。如果缺失男性共有的力量，那将生出女儿。如果男性的个体力量旺盛，女儿也还是会像父亲。最糟糕的是三种力量都缺失的情况，比如一个年迈或太年轻的男人，在寒冷刮风的夜里，食用乳制品后发生了性关系……

妮：那如果天气炎热，而且他食用的是肉类呢……

弗：那仍然有希望是儿子。但如果三种力量都缺失，生出的女儿长得就会像外婆，这是一个极其可怕的情况。但亚里士多德也提出，女儿也是必须要有的，所以时不时得让女性力量占据上风。

妮：但根据亚里士多德的说法，孕育出女儿证明了女性体内有可怕的物质。

弗：是的。他认为，如果放任不管，女人只会生出女儿。可以证明这种可怕物质的第二个证据，是双胞胎。人类一般一胎只能生一个，多胞胎是例外。相反，动物中有很多可以产出多胞胎的例子。亚里士多德以猪为例，猪每次可以生下十几只小猪崽（他没有举每胎只产一只的牛，很有可能是因为很少见到牛）。所以，他得出的结论是，孕育多胞胎的妇女更接近动物。第三个证据是畸形儿，比如有四指或六指等先天缺陷的婴儿。最后还可以补充，一些难以辨认出人形、被称为“怪物”的婴儿。亚里士多德认为，如果万物本源的气不掌控女人，那她们会生出怪物，更像动物，而不像人类的孩子。女人占上风，怪物就产生！

妮：真是有趣……亚里士多德通过总结并升华过去的理论，对西方世界产生了决定性的影响。

弗：他创建了一个完整的生育模型：女人的身体被表现为男人的反面（就像一只“反着的手套”），只为了接纳男人的身体。所有正面的价值都与男性精子的繁殖力相关。这个模型直到19世纪还被沿用，乃至今天还能找到遗留的痕迹。譬如我们常说这个孩子有他父亲的血统，又或者会说爸爸放了一颗种子在妈妈的肚子里。亚里士多德相信自己在明显的生物特征差异之中，找到了男女不变的天性。而事实上，他只是在阐释他那个时代的社会认知罢了。

母传女

妮：一代又一代，母亲将女性应守的本分传给女儿。

弗：这种自卑感已经深入女性的内心，所以才能一代代延续下去。在古代社会中，女性最重要的角色就是母亲，尤其是作为儿子的母亲。如果只有女儿，那她通常会被认为没有孩子。有儿子的母亲比只有女儿的母亲地位更高。男性也总是期待儿子的诞生。即便在今天，也还有一些女性更希望有儿子而不是女儿。社会对女性的期待对她们造成了潜移默化的影响，这种影响历史悠久，并且从小就灌输给了她们。

妮：通过什么方式呢？

弗：比如，女性从小就被教育要乖，要远离争吵打闹。我们向女孩儿倡导冷静，浇灭孩子正常的好斗天性。女孩儿要让步、要听话，男孩儿要表现、要争取。但事实上，如果让女孩儿自由成长，她们也有战斗的意愿。

妮：女性也有暴力的一面吗？

弗：当然！虽然荷尔蒙（尤其是睾丸激素）对人有很大的影响，但暴力本身没有性别之分。人们总认为暴力和女性是对立的，或者说，暴力只存在于女性阴暗的一面，是女性未在男权社会被驯化的动物性的体现。而女性应天生是温柔的、富有同情心的、被动的。同时，她们又被认为是野蛮的、没有自控力的、毫无理性的。

妮：那男人的暴力反而是理性的体现吗？

弗：男性的暴力是正当的，是男性气质的一部分。我们还是绕不开这一相互矛盾的说法：男性是理性的，所以应该掌控和征服女性；但男性的冲动，尤其是性冲动又不可抑制，甚至应当场得到满足。

妮：您带我们推演了前人的思维方式，让我们知道一切是如何开始的。您也为我们解释了这个代代相传的体系，依您之见，女性的出路在哪里？

弗：让我们从旧石器时代直接来到当今社会。我认为有两个原因会促使男女之间的关系发生改变。首先是女性拥有了避孕的权利，这是促使男女关系改变的一个不可或缺的杠杆。我说的可不仅是避孕这项医学技术，更是将避孕作为一项权利纳入法律的做法。这对女性来说，意味着可以自由掌控自己的身体。避孕摧毁了男性对女性的掌控，这也是为什么很多社会无法接受避孕。

妮：父亲们再也不能把女儿送去结婚，男人们再也不能为了得到儿子而互换女人。因为女人们可以自己决定是否生孩子，生多少，和谁生……

弗：是的，但若想让这个杠杆撬动整个世界，还需要更多时间。同时我们也要保持高度的警惕，因为在某些情况下，这项权利可能又会遭到禁止。

妮：那您认为促使男女关系发生变化的第二个原因是什么？

弗：对生殖和遗传的科学认知。建立在观察之上的“传统主导模型”经历了几千年的发展，直到今天还留有余温。但新的科学研究告诉我们，男人并没有在女人的肚子中放一颗种子，女人也不是一个只会孕育孩子的容器。孩子是精子和卵子相遇的结果。男人和女人都会遗传给孩子一部分遗传基因，而遗传基因的分布是随机的。这一科学发现可以追溯到18世纪末。自20世纪开始，染色体和遗传学研究得以深入发展。一个抽象的科学概念变为一个具体的社会认知需要很长的时间。但我相信，避孕和科学认知的不断进步能改变我们看待世界的方式，只要我们能朝着这个方向不断努力。

第二章

两千年来的女性

Deuxième Partie

DEUX MILLE ANS
DANS LA VIE
D'UNE FEMME

第一节　一生的约束

唉！是个女儿

妮科尔·巴沙朗（以下简称为“妮”）：弗朗索瓦丝·埃希提耶讲述了从人类诞生伊始，就扎根于女性命运之中的一些事实和根深蒂固的偏见。现在我想和您聊聊西方历史各个时期的女性，她们从出生到死亡的各个人生阶段是如何度过的。最开始的时候，当然就是女婴了……我想随着时间的流逝，女婴的地位得到了很大的提高吧？

米歇尔·佩罗（以下简称为“米”）：在古希腊古罗马时代，婴儿并不被当作一个人来看待。当时还没有控制生育的手段，所以新生儿的数量很多，但大多数都夭折了。那时母亲与婴儿的关系，可能也和我们今天所了解的不太一样。她们会为孩子的死而哭泣，但不会为婴儿的死流泪。不过，虽然婴儿没有被当作人，但还是有性别的。甚至可以说，婴儿就是一个性别。出生的不是一个婴儿，而是一个儿子或女儿。而人们想要的是儿子，女儿是不受欢迎的。在古代乃至弗朗索瓦丝·埃希提耶提到的更久远的过去，从出生的那一刻起，男女就面临着一种根本的不平等。相较于男婴，女婴有更大的可能被疏于照料或被杀害。

妮：这一现象持续了很长时间吗？

米：直到今天，很多国家仍有此类现象发生。在西方国家，基督教的到来打开了一扇新的大门，"在上帝面前，没有男人和女人之分"。但在上帝面前对性别不做区分并未改变女性的社会地位。到了中世纪，贵族女性在出生时就具有了价值，因为她们是贵族之间将来用来交换的筹码。以联姻的方式交换妻子和封地，这是中世纪社会的运作方式。因此，贵族男性并不是不喜欢生女儿，他们甚至希望不要生太多儿子，因为儿子的未来更难以保障。

妮：为什么更难呢？

米：长子有权继承财产，但若是不对财产进行分割，那其他儿子就没有了土地。相反，嫁出去的女儿则可以为家族维系更好的结盟伙伴。从女孩儿出生开始，家族就已经制定好了联姻策略。一个家族的地位越高，就越会运用封建政治的把戏，联姻策略就越费尽心机。通常 2 到 3 岁的女孩儿，理论上已经结婚了，不是实质的婚姻，而是签订了一份婚约（在古希腊，这份婚约甚至不必等到女孩儿进入青春期就可以生效）。这些所谓“有价值”的女孩儿也并不会过得更幸福，因为她们并没有选择权和发言权。到了 17—18 世纪，女婴又有了新的价值。10 岁的女孩儿就可以在家庭农场干活儿，或者找一份女仆的工作。当社会开始进入工业化，家庭作坊兴起后，她们和男性一样从很小就开始工作。就算父亲总是对拥有儿子更感到自豪，但从此以后，他们对女儿的出生也有了不同看法。

女宝宝和男宝宝

妮：对新生婴儿的区别看待，是否会导致对男女宝宝产生差别对待呢？

米：在孩子出生之后的几年里，占主导的还是模糊的性别意识。男宝宝和女宝宝都是混在一起抚养的。在普通家庭中，孩子待在母亲身边；在富裕的家庭里，孩子待在女仆和奶妈身边。孩子生活的环境里都是女性，所以小男孩儿也会留长发、穿长裙。想想夏尔丹那幅著名的《洗衣妇》吧！画中两个女人，一个在晾衣服，另一个在浴盆里洗衣服。旁边吹着肥皂泡、玩着布娃娃的孩子身穿灯笼裤，留了一头长发。这是男孩儿还是女孩儿呢？夏尔丹描绘的是亲眼所见吗？可以看到，孩子的性别难以辨认。

妮：所以，对待孩子的方式可以说是平等的。这段时间可以持续到什么时候呢？

米：到了19世纪，孩子才有了性别的区分，特别是随着“庇护室”的发展。“庇护室”类似托儿所。从19世纪20年代起，热心慈善公益的女性出于对平民阶层的健康的关心，组织开设了庇护室。女工匠、女商贩和工厂女工们迫于经济压力，在生了第一个孩子之后，不得不继续留在工厂做工（她们有了更多孩子后，境况就更为艰难）。庇护室可接纳 4 岁以上的孩子，有时为了帮助非常贫困的家庭，也会降低年龄限制。

妮：孩子们在庇护室做什么呢？

米：他们会给孩子一些玩具，准备一顿午饭，但很少管他们。庇护室大多是阶梯教室，孩子们坐在里面无事可做。时间长了，很多家长对此提出异议：孩子们不能整天一动不动地坐着，必须为孩子们组织游戏。正是在玩游戏的过程中，男孩儿和女孩儿慢慢被区分开来。他们给女孩儿们洋娃娃，给男孩儿们玩滚球和士兵游戏。在阶梯教室中，孩子们被自动分成两组：男孩儿一边，女孩儿一边。19 世纪的人对性别有了更深入的思考，不管是世俗还是宗教的教育人士，都开始教育女孩儿要为以后的母亲角色做好准备。

女童的出现

妮：很长一段时间里，并不存在真正的儿童。我们如今对女童这一身份（不是婴儿，但尚未成年）的认识是从何时开始的呢？

米：也是在19世纪，这一身份慢慢受到重视，人们对孩子的看法发生了变化。文学在此发挥了很大的作用。维克多·雨果创造了《悲惨世界》里的珂赛特；刘易斯·卡罗尔创作了《爱丽丝梦游仙境》；乔治·桑刻画了小法岱特，并且在回忆录《我的一生》中讲述了她从4岁起开始记事的时光，回忆了她的父母、布娃娃、游戏和欲望；塞居尔伯爵夫人创作的《小淑女》专门面向年轻的女读者。与此同时，个体的概念越来越受到关注。早于弗洛伊德，那时的人们已经了解到，童年在人的一生中发挥着举足轻重的作用。但女孩儿的命运并未发生动摇，她们仍被看作是未来的妻子和母亲。

妮：因为教育与她们无关。几个世纪以来，女孩儿被教导要如何做好妻子和母亲，却从不被允许学习知识。

米：是的。男孩儿被教育，女孩儿被教导。男孩儿要成大器，就要学习知识，包括神学知识（为了成为神职人员）、军事知识（为了成为士兵）和其他专业知识（为了成为商人、手工艺人、创作者等）。至于女孩儿的未来，无非就是家庭主妇、妻子和母亲。直到中世纪末，还是母亲在家中教导女儿。但渐渐地，这种家庭教育引起了神职人员和医生的担忧。他们担心女性的无知、迷信会由母亲传给女儿，造成恶劣的影响。中世纪的人害怕女巫这种强大而危险的女性形象，认为她和神秘的"身体智慧"有很大关联。神职人员为此提出的解决之道是，由教会负责教育孩子。由此出现了由神父照管男孩儿的"小学校"和由修女照管女孩儿的修道院。从八九岁开始，女孩儿就要学习教理和缝纫。到了 17 世纪，她们开始学习阅读和写作。文艺复兴让社会发生了翻天覆地的变化，并提升了写作的重要性。但就在那时，天主教和新教产生了一个重大分歧。新教认为，教女孩儿认字与教男孩儿同样重要。

妮：新教是否回到了您刚才说的源头上呢？上帝面前男女平等。

米：可能吧。更重要的是，根据新教教义，每个人，无论男女，都必须具有阅读《圣经》的能力。这与早期教会的教条是一致的。尽管由牧师负责礼拜日的祷告，但阅读《福音书》的权力不专属于神职人员，这也是所有已婚男性和一家之父的职责。若是父亲缺席，那么母亲必须要有带领家人阅读《圣经》的能力。新教国家中的女孩儿能识字，很大程度上是因为这种让个人和家庭有能力阅读《圣经》的观念。天主教国家与新教国家在此方面产生了巨大的差距。有统计数据表明，从 18 世纪起，普鲁士王国的男女识字率几乎持平。英国、荷兰和斯堪的纳维亚半岛国家也是如此。而在天主教国家，如西班牙、葡萄牙、意大利和法国，女孩儿与男孩儿的识字率相差甚远。

远离教育

妮：法国是天主教国家，但还是有一些识字的女性，比如爱洛伊丝和拉伯雷笔下的女性们，她们从小便可学习知识。这些只是特例吗？

米：当时的法国社会等级森严。贵族女子可念书识字，甚至在11、12和13世纪，她们的数量一直在增长。观察以圣母领报为主题的画作，我们会发现阅读的圣母逐步取代了纺纱的圣母。圣母端坐在一间房中，一间中世纪画作中的典型少女房，里面有一张纯净朴素的床，以及一本打开的书。作为少女典范的圣母，在读书。那时，结婚已不是女人唯一的出路。如果女性不能在贵族中寻到一个好的归宿，至少可以在修道院度过余生。即便是已婚妇女，也可以度过几年修道院时光。修道院成了给女性提供住宿和教育的地方。女孩儿在此祈祷、阅读、摹写手稿，就像寺庙中僧侣的日常活动。著名的中世纪修女院院长赫拉德·冯·兰茨贝格还留下了《乐园》这一手抄本。

妮：在修道院之外的世俗社会中，上流社会的女性有获得知识的渠道吗？

米：在中世纪，这几乎是不可能的。直到文艺复兴时期，女性才有了学习的机会。那时也有一些不接受神学教育，但尝试写作的女性，她们什么都敢写。路易丝·拉贝甚至创作了情色诗！克里斯蒂娜·德·皮桑的作品《妇女之城》被认为是女性主义宣言的先驱之作。她在书中写到了身处文化和娱乐场所的女性，甚至还有为了写作把自己关在房间里的女性。

妮：但她们却受到了嘲笑。在17世纪，莫里哀形容她们为“难得的笑料”。她们的观点也时常受到残酷的嘲弄……

米：她们确实受到了莫里哀和资产阶级的嘲笑，因为他们觉得“这一切根本不属于女人”。但上流社会女性对掌握语言表现出了强烈的渴望。贵族小姐接受教育顺应了时代。家庭教师会到她们家中教授阅读、写作，以及音乐、舞蹈、绘画等艺术。她们也学习击剑和骑马。只有到了 19 世纪，女性才必须要侧骑。在 17 世纪的投石党运动中，“大郡主”安妮·玛丽就像男人一样采用跨骑的方式。

妮：也就是说，在新兴的资产阶级中，女性不被允许接受教育？

米：男孩儿们学习商务贸易，而女孩儿们则学习打理家庭。因为家庭生活的重要性有所提升，所以母亲和家庭妇女的角色不再变得无关紧要，这也证明了女孩儿投身于家庭的必要性。这种以社会效益为名，对性别角色进行的划分，又因医学的发展而愈演愈烈。医生成了说出身体真相的专家。他们把女性的身体视作生育的工具，并由此总结出了一套性别差异的观念。他们旧调重弹，用科学的语言包装陈旧的观念，比如男性强大、女性脆弱。布封在《自然史》中，也从雄性动物与雌性动物的差异，毫不费力地引申到了男性和女性的差异。他颂扬的是狮子的阳刚之气。

青春期

妮：小女孩儿会成长为少女。人们都是如何看待女性真正成熟前的这段时光呢？这个我们称之为“青春期”的充满困惑又多愁善感的阶段。

米：其实在古希腊古罗马时期，并不存在青春期。古希腊的女孩儿在青春期前就已经结婚了。在古罗马，女孩儿开始发育大致就意味着到了出嫁的年纪。但即便在青春期时结婚，她们的年龄也只有十三四岁，很早就成为母亲，这也是当时女性寿命短的重要原因之一。可以发现，女性寿命的延长是与结婚年龄的延后和生育数量的降低相关的。

妮：教会对女性结婚年龄的延后起到了一定作用吗？

米：是的。女性的结婚年龄推迟到了十四五岁，这已经是往前迈了一大步。渐渐地，结婚年龄越来越晚。在这一点上，西方国家与其他国家有很大的差异。正是西方世界孕育出了“青春期”。根据教区的记载，17 世纪女性结婚的平均年龄为 23 到 24 岁。18 世纪，为 26 到 27 岁。那时，家庭的规模变大了，所以财产的继承尤其成了占人口九成比重的农民关心的大事。为避免财产被分割，人们尝试限制生育，但当时并没有避孕的手段，最好的方法就是缩短女性受孕的时间。由于结婚时间的延后，女性拥有了一段独身期，也就是青春期。

妮：所以说到底是出于对财产管理的重视，而不是对女孩儿健康和发育的重视。

米：女孩儿的发育问题确实很少被关注。直到 18 世纪，才开始有所关注。当时的讨论仅限于医学层面，关注的是女性的生理功能。“青春期”被医生定义为“性别认同危机”。青春期，对男孩儿们来说是一场巨大的骚动。他们将从小男孩儿变成真正的男人，他们会了解勃起、精子、梦遗，认识到自己的男人身份。而女孩儿的青春期可以平稳度过。男孩儿经历了一场暴风雨，而女孩儿经历的只是一次安静的变化。他们认为女孩儿的青春期不会有任何问题，因此不必对其多加关注。

危险的美

妮：对于没有进入修道院的女孩儿们来说，为人妻、为人母是她们躲不开的命运。在很长一段时间里，爱情并不属于她们，她们的感受没有人重视，她们的身体也不属于自己。

米：结婚和生育一直是女性无法回避的社会责任。母亲的角色有重要的传承作用，在社会中有一定地位。但女性的肚子始终置于男权统治之下，受到父亲、丈夫、国家、教会的轮番控制。随着时间的流逝，女性的肚子聚焦了各方目光，最后不得已，沦为公共的肚子。

妮：女性注定要结婚，为此，她们的首要任务就是变美。

米：美是合理且必要的。在古希腊神话中，神让女人拥有美丽的外表，是因为她们需要吸引男人。但古希腊人的爱情观却不同，在他们看来，情欲更多是男人之间的产物。婚姻的唯一目的是生育。女人美丽且充满诱惑的外表，有助于男人完成生育。一个被剥夺了美丽的丑女人是很可悲的，会引起很多问题。这种观念流传下去,传播开来。美貌成为婚姻市场中的筹码，可以弥补一些女孩儿微薄的嫁妆。人们常说“交换货物，交换女人”，其实还应该再加上一条“交换美貌”。有钱的男人总想娶个符合那个时代审美标准的漂亮老婆。

妮：但每个时代的审美标准都在变化……会不会上个时代眼中的丑，在这个时代就是美的？

米：很长一段时间里，人们普遍认为的“美女”应该拥有坚实的身体、丰满的乳房、肥厚的臀部……这些都是女性生育能力强的体现，意味着将来可以生下健康的孩子。对于普通女性来说，这也意味着她的身体能够胜任各种工作。贵族女性的身材可以更纤细些。但对瘦弱的痴迷是到当代才出现的。相较于已婚女性和已为人母的女性，人们喜欢更瘦弱一些的年轻女孩儿。胸要挺、腰要细、腿要长，这样的女人才能为男人提供欢愉。白里透红、光滑细腻的皮肤，也是上层女性的标志。人们不喜欢被太阳晒黑的皮肤，那是田间劳作的妇女才会有的。媚眼也是吸引男性的一种手段，所以少女不可随便乱看。男人要是能得到一个眼神的回应，会感到莫大的荣幸。

妮：所谓吸引和诱惑，不应该是遮掩大过暴露吗？

米：与古希腊古罗马文化对性的态度不同，在基督教文化中，性与罪是一体的。女人应该是漂亮的，但漂亮的女人又很危险，就像夏娃的美，是魔鬼。女人的身体是欲望与仇恨的发泄口。教会的神父曾写了许多关于女性之危险的文章。就连看女人一眼也是危险的，最好把她们都遮起来、藏起来。他们还发展出了一套关于佩戴头纱的理论。头发被认为是女人身上最具诱惑力的东西，甚至是色情的化身！甜言蜜语都在女人的发间流转，所以女人要盘起头发，戴上头纱。只有在新婚之夜，才能在丈夫面前散开头发，或者在情人面前。妓女才会整天披头散发。抹大拉的玛丽亚，性感与忏悔的圣女，她那一头长卷发体现了女性之美。信奉耶稣的女性，会向他献上自己的头发。在初学修女正式入会典礼上，剪发的仪式变得越来越重要。不剪头发的普通妇女，至少应该把头发遮起来。头纱自古就有，只是基督教给头发赋予了激发欲望与幻想的罪的内涵。从中世纪的头纱到维多利亚时期帽子上的短面纱，中间是一段关于廉耻和被遮掩的身体的历史。“把胸遮起来，我就不会看到了！”但纵欲的行为并未消减，反而得以滋长，这也成为文学和绘画不断表现的主题……

从头纱到裤子

妮：女性还是被当作一件物品，而男人却在她们身上找到了创作的灵感来源。

米：自文艺复兴时期开始，此类创作大行其道，盛行表现女性和她们被遮掩起来的身体。有时候，女性用头巾把脖子都遮上；也有时候，她们把胸部大大方方裸露在外。在浪漫主义时期，参加舞会的上流社会女性都穿着低领的长裙。长长的裙摆下，若隐若现的小腿和脚踝充满诱惑，就连舞鞋也散发着情欲……

妮：除了艺术，时尚也特别青睐女性。

米：时尚是一个充满矛盾的领域。一方面，女性乐于穿衣打扮，梳着略显夸张的发型。上流富有的女性是时尚的模板，普通女性总是在努力模仿她们。但另一方面，时尚也是一种约束，束缚了女性的身体。从束胸，到后来的衬裙和紧身裙，这些服装阻碍了身体的活动，甚至是呼吸。更不用说宫廷里每小时都要更衣的规矩。路易十四的嫂子帕拉蒂娜公主在她的信件中曾写到，宫廷的女士们在盥洗室里耗费了大量时间，这番受苦当真荒谬。她很清楚自己的丈夫是同性恋，而且她也已经为他生了孩子，所以大可不必再受这些规矩的束缚。她可以变胖，可以尽情吃喝，可以随心所欲地穿衣，而不必强迫自己时时刻刻举止得体。但这些来自宫廷里的穿衣规矩随后就被资产阶级继承。在 19 世纪，一个来自上流社会的女性在上午十点购物，下午两点去拜访某某夫人，下午五点出席慈善活动，晚上陪丈夫看戏，就不能穿着同样的一套衣服。如果她的丈夫有钱，她就必须遵从这些礼仪，否则世人会觉得是她丈夫无法承担此项花销。而对于女性而言，这无疑是件苦差事，她们总是在信件和日记中抱怨这些。

妮：除此之外，一些更“自由”的服装，比如裤子，是否引起了社会的争论呢？

米：服装一直是社会争议的话题。要是一个不守规矩的女人，把该遮住的地方露出来，必然会引起非议。女人不能穿象征男人的裤子。一个穿裤子的女人就是对男性的亵渎。这是绝不被允许的！在 18 世纪，巴黎警察署长要求所有想要穿裤子的女性必须向警察署提交书面申请。因此，著名的女画家罗莎·博纳尔，为了方便在野外写生，就提出了申请，并获得了准许。而乔治·桑因为没有获得准许就穿着裤装，被认为是一桩丑闻。

妮：乔治·桑打破了传统的枷锁，但也只是个例外。大多数女性还是穿着符合社会规范的服装。对于注定要结婚的女孩儿来说，她们有其他选择吗？

米：这些女孩儿必须听从她们的父亲，才能被安排一个好的婚姻。在 19 世纪，对“好女孩儿”有一套明确的标准：清透、白皙、干净。不能涂脂抹粉，不能引人注目，不能散发任何味道，同时必须完全服从父亲的安排。

婚 约

妮：父亲会从家族联盟、家庭利益、财产继承等方面考虑为女儿安排婚姻。那从何时起，女性的意愿才开始被看重呢?

米：婚姻必须男女双方都同意并自愿结合，这一观点源自教会。并不是一开始就如此，而是从中世纪，尤其是12世纪开始,教会希望通过干预贵族婚姻,加强教会和大家族之间的联系。从此，婚姻建立在坚实的联盟基础之上，成为一种不可打破的契约。为了保证婚姻的圣洁性，必须得到配偶双方对此约定的认可。

妮：对女孩儿来说，她们是发自内心的同意，还是只是表面上同意呢?

米：当然只是表面上的同意，而且她们经常还是被迫的。贵族老爷都是直接安排女儿的婚姻，从不去过问她们的意见。教会在权力之争的背景下，提出了婚姻双方自愿结合的原则，确实在某种程度上帮助了女性。这些有一定文化的女性将同意婚约变成了自己可以参与的事情。换句话说，要娶到她们，就要注意方式方法。她们可以拒绝第一个求婚者，也可以再拒绝第二个，但事不过三，若再把第三个之后的求婚者拒绝，就只能等着去修道院了。女孩儿们的同意就慢慢变得更有分量。当然，她们不能主动选择，但能拒绝。

妮：农民也是如此吗？

米：贵族管不了农民的婚姻。这些女孩儿的前途并不被看好，反倒为自由恋爱留出了一点儿空间，但选择十分有限。农民必须和本地人结亲的这条规定束缚了婚姻，也给年轻人造成了很大压力。从记载的数据来看，同族通婚的比例很高。同时，联姻有一定的作用。因为婚姻会涉及财产，我们可以这样计算：如果我有一小块地，把女儿嫁给邻居的儿子，我就能获得更多的地。这种联姻策略后来也出现在工人阶层中。冶金工人，算得上是工人阶层中的贵族，绝不会让女儿嫁给一个普通操作工，而应该嫁给一个与自己条件持平，或比自己条件好的人。父母会监视女儿的恋爱，如果不遂他们的心意就会插手。有些工人也会去舞会，可能会在那儿遇到一个不太在乎钱又懂得照料家庭的“小女佣”。

妮：必要情况下，他们会提前协商契约、财产和嫁妆吗？

米：当然，如果双方得不到好处，就不会结婚了。一般而言，证婚人起草婚约的这个步骤是重中之重。父亲如果带着诚意嫁女儿，自然会准备一份丰厚的嫁妆，这对女儿未来在婆家的生活也很重要。如果新娘结婚时的嫁妆（土地、金钱）少，那就必须靠她自己的德行去弥补。在平民阶层看来，一个女孩儿勇敢、善于打理家务、教养好是很重要的条件。随着乡村生活水平的提高，外貌也成为一个越来越重要的因素。到了18世纪，随着城市化的发展，越来越多的人离开农村进入城市，人也开始互相比较。精心打扮过的漂亮女孩儿有更多的机会嫁给有钱的男人。个人条件变得越来越重要，婚姻中要算计的东西就越来越复杂。

妮：但结婚还是一个家庭的事，而不是个人的。

米：是的，因为结婚相当于一场豪赌。对于中世纪的贵族们来说，婚姻事关领地的利益。对于资产阶级来说，事关商业利益。到了18、19世纪，资本主义的崛起离不开几个大家族通过联姻实现煤矿、工厂和纺纱厂之间的结合。在19世纪80年代，施耐德家族的最后一位继承人，为了爱情娶了一个女演员，而遭到家族的除名。他因不服从于家族利益而受到处罚。什么激情、爱情，在家族利益面前都要退后。但无论如何，男人可以在婚姻之外得到补偿，弗朗索瓦丝·埃希提耶也说过，因为男人的性欲被认为是不可抑制的。而女人可以没有性需求。如果女人有婚外情，就很可能会生下私生子。所以，女人应该被严加管控。要从小开始培养女性成为有贞洁和节操的妻子，管好自己的身体和情感。只教给她们作为母亲必须了解的东西。男女的不平等正是源自这种观念。女性的身体能孕育生命，是充满吸引力的，但也意味着危险，令人恐惧。男人应不惜一切代价控制她们。

“我在新婚之夜被强奸”

妮：接下来就是结婚当天了。一切都经过周密的算计，唯独没有爱情……

米：教会认为，爱应该在婚后产生。人们要对短暂而激烈的激情保持警惕，婚姻不能建立在激情的基础上。教会认为合适的婚姻可以增进夫妻双方的默契，才能更好地完成共同生活、生儿育女的任务。说明教会肯定了人性存在弱点，人有性欲。为了人类的延续必须接纳性，但夫妻双方互不吸引更能保障婚姻。圣奥古斯丁在《忏悔录》中为夫妻婚房写下了这样一段话：“房间必须是关着的，不能让人看见里面的大床，尤其是孩子。”几个世纪后，在精神分析学中出现了相似的观点。弗洛伊德对原始场景，对问题的源头产生了疑问：我们如何看待父母的性行为？

妮：不敢想象新婚之夜是什么在等待着天真的少女……

米：乔治·桑在书中直言不讳地写道："我在新婚之夜被强奸。"婚姻是强奸的合法形式。没有人重视女性是否得到欢愉，因为这对生育毫无用处。人们自然希望夫妻恩爱，女人也能感受到快乐，但事实如何无人知晓。在中世纪末，医生发现女人会在性爱中分泌一种液体，一种上帝赐予的"花露"，有助于生出漂亮的孩子。有些神学家据此断言，女人享受和丈夫的性爱是正当且有利的。

妮：性不再是罪了吗？

米：有所减少，性关系中的暴力成分也在减少。这当然是一条漫长的路，但我们已经看到了些许迹象。在文艺复兴时期，佩奈特·杜·吉耶、路易丝·拉贝等女诗人开始写作情色诗，讲述做爱的方式、性爱的欢愉，交流性经验。深受意大利影响的枫丹白露画派，描绘了沐浴中的宫廷女性。画中的女性赤裸着身体，侍女们轻抚着她们的乳头。既然这些画作能够在皇家画廊展出，说明有些东西已悄悄发生改变。到了18世纪，正如史学家阿兰·科尔班所指出的那样，医生开始强调夫妻和谐性生活的重要性，甚至认为这是生育的关键。

性冷淡与性饥渴

妮：男人会不会担心女人太过享受性而变得饥渴？

米：女性的性欲可以表现为两个极端。一方面，性冷淡的女人，什么也感受不到，像一块冰冷的木头。男人负责耕耘，女人负责生产。另一方面，女人的性欲像无底洞一样难以被填满。男人会迷失在像深渊一般的子宫内，既渴望又害怕，每每开始挑战，又每次精疲力竭。

妮：就是战士也经不住……

米：古希腊古罗马的文学中对此有所涉及。有些男人为此感到痛苦，甚至因此转向同性。男人害怕饥渴的女人，她们会吞噬、吸干男人，可能让男人从此不举。到了 19 世纪，阴蒂取代子宫，成为令男人惧怕之物。人们同时陷入对手淫的恐惧中，这是教育男孩儿的老师最大的困扰，女孩儿也有这个问题。有些医生担心女性会因此失去珍贵的体液，或担心她们沉迷于此，会给家庭带来各种问题。一位名叫赞巴科的医生，甚至提议切除女性的阴蒂。美国的诊所确实有阴蒂切除的手术，当然法国也有。但很难找到更多信息，唯有几篇医学杂志上的文章，还有左拉《繁殖》一书中隐晦的只言片语。

妮：男人会更喜欢那些被认为是“好女人”的性冷淡女性吗？

米：这些女性确实更受人尊重，被认为更安全。但这并不妨碍男人去寻花问柳。巴尔扎克在《婚姻生理学》中详述了夫妻经常出现的不和。他发现，英国的夫妻睡在两张床上，而法国的夫妻共享一张床。巴尔扎克从中看到了男人对女人身体持久占有的迹象，这也难怪女人们总是会得偏头痛了。性生活让女人们感到厌烦，她们不得不为此而拖延每晚入睡的时间。巴尔扎克同其他人一样希望让婚姻和性生活协调起来，这是关键的一点。这既是女人们的诉求，也是很多男人的希望。人们对梅毒的恐惧也起了一定作用。梅毒与结核病、酒精中毒并称19世纪的三大社会灾难。梅毒主要通过妓女传染。经过医生们的估量，他们发现法国生育率较低。为什么呢？因为梅毒。男性先被感染，然后传给妻子，最终导致不孕。于是，社会开始向男性提倡洁身自好，同时传播婚姻健康、夫妻卫生的观念。那时还开始盛行婚前体检，如果男性患有性病，女性的父亲就可以拒绝婚事。

“好妻子”

妮：但是，结婚仪式结束后，新婚妻子从此就要顺从丈夫了。曾经在经济上依赖父亲，但今后就要听从丈夫了。是这样吗？

米：无论是在遗产继承，还是婚姻制度中，女性都没有掌握财产大权。不同时代和地区的风俗虽有变化，但女性始终处于劣势。在诺曼底地区，女性完全没有继承权，只有儿子可以继承部分财产。大革命时期提出了男女在遗产继承方面的平等原则，但农民很难接受这种财产划分的方式。有些人拒绝接受这条新规定，将大革命视为一场女性夺权的灾难。七月王朝的一个罪犯皮埃尔·希维尔曾供述道：“我，皮埃尔·希维尔，杀了我妈、我妹和我弟。”他杀死母亲，是因为觉得她夺走了自己的权利。拿破仑在《民法典》中规定，虽然女人可以继承遗产，但没有管理财产的权利，签字也没有法律效力；丈夫可以不经妻子的同意而随意出售妻子带来的财产。对女性经济权利的剥夺，可谓是《民法典》的重大丑闻。

妮：女性在很长一段时间里都没有处置嫁妆的权利吗？

米：从来没有完全的掌控权。各地的风俗也有所不同。在巴黎地区有一种“嫁妆制度”，嫁妆会被分为两部分，一部分属于归丈夫管理的共有财产，另一部分则可由妻子管理其中的一小部分，要是丈夫去世，她就可以收回这部分财产。依据收入共有制，分为夫妻双方的私人财产和共有财产，共有财产归男方管理。但依据更普遍的财产共有制，所有财产均由男方支配。这种制度是当时资产阶级社会的首选，操作简便，不需要签订协议。

妮：夫妻双方拥有的权利并不对等，女性日常是如何生活的呢？

米：夫妻之间的不平等根深蒂固，这或多或少会引起妻子的反抗。在结婚之前，女性有拒绝求婚者的权利。婚后，她们可以选择某种形式的“脱身”，也就是说，过自己的生活，包括在共同生活的空间中不过多付出自己。女性有各种方法从自己觉得不合适的关系中抽身：拒绝肢体、言语、思想的交流，或者彻底保持沉默。有些妻子建立了自己的朋友圈，社交能为她们带来快乐，暂时逃开乏味的夫妻生活。

爱情的梦

妮：会有合适的婚姻吗？

米：当然！有合适的婚姻，也有相爱且和睦相处的夫妻。在这种夫妻关系中，妻子负责所有生活琐事，尽情施展自己的能力。资产阶级、商人和工人阶层的妻子全权负责家庭：抚养孩子、操持家务、组织聚会。她们乐于在家里行使女主人的权利。这样当男人在晚上回来时，家里已经没有男人要管的地方了。更重要的是，男人要慷慨，给妻子足够多的钱。这样，一切就能运转良好。资产阶级的夫人们总是出手阔绰、光彩照人，她们在家庭生活中找到了人生的意义。印象派画作描绘的维多利亚时期的豪宅，就是一幅安静祥和幸福的画面。

妮：女性知识分子厌恶这种生活吗？

米：是的，她们觉得这一切无意义，一切都是徒劳……她们很难走入婚姻。有些女性热衷于写作，会撰写文章，表达自己的观点。有些女性大量阅读，求知心切。还有一些女性喜欢艺术，梦想一份职业。她们未曾实现的梦想只能留在日记里，因为她们的母亲和神父鼓励她们不要到处张扬。注定要步入婚姻的女性心中有爱情的梦想，也有对婚姻的恐惧。玛丽·巴什基尔采夫出生在富裕的贵族家庭，在法兰西第二帝国末时居住在巴黎，她热切表达了许多年轻女性对“其他事情”的渴望。她死于 26 岁，留下了大概九千页的日记。她喜欢绘画，这没问题，受到良好教育的女性都会画水彩画。但她渴望成为公认的画家和创作家。她的家人以为她疯了，但还是放任她的心血来潮。玛丽经常出入朱利安美术学院，在画廊展出作品，参加小型比赛。同时，她爱上了一个叫保罗·德·卡萨尼亚克的男生，两人心意相通。但卡萨尼亚克是一位波拿巴派的政治人士，一心希望能拥有一个“合适”的婚姻。一天，玛丽得知他娶了另一个女生，而她事先并不知情……

妮：即使是贵族出身且家境富有，艺术家也不是所谓的“好配偶”。她在当时确实是一个怪人。

米：是的。玛丽还在日记中表明爱上了自己，有几页几乎算是情色的内容。她喜欢看着镜中美丽的自己，渴望被爱……可以说，她把许多待嫁的少女心中的欲望和冲突表现到了极致。

被遗忘的心

妮：年轻的女性渴望爱情，但等待她们的只有非自愿的婚姻，她们是否还有机会得到爱情呢？我们已经知道，在古代社会，女性的命运里没有爱情的心动。中世纪颂扬骑士之爱，一种把女性抬到至高位置的柏拉图式的情感。这种爱究竟是传说还是现实呢？

米：关于骑士之爱有这样几种观点。有人认为这是道德风气的变化，女性在其中起着重要作用。在十字军东征时期，贵族女性比 14 岁就要上战场的男性更有文化。这种学识上的差异导致女性更喜欢温柔、有文化的男性。

妮：但贵族女性喜爱的骑士，不是那些在战场上发挥价值，也就是杀敌的男人吗？

米：能杀敌的是英雄，女性钦佩这样的男人。骑士精神也不提倡战士抛洒无谓的热血。骑士之爱的场景不是战争，而是决斗，没有流血的竞争。不需要争个你死我活，真正的勇气自然会在敏捷的身手中流露而出。这是文明的体现。在表现决斗场景的画中，我们可以看到贵妇位居华盖之下，而骑士们为她而战。这一切看起来高贵优雅。历史学家乔治·杜比虽然并不质疑对决的重要性，但他认为女性不过是诱饵。贵族男性把女人推到前面，是为了吸引骑士。骑士要在贵妇面前一显身手，而贵族男性借此机会选出最好的骑士。他会赐给骑士女人吗？为什么不？他才是真正有决定权的人。而那些露面的女人做不出任何决定。乔治·杜比对 13 世纪贵妇的研究表明，骑士间的决斗和骑士之爱都在男权的控制之下。

妮：那又如何解释骑士拜倒在贵妇的石榴裙下，给她们献诗，甘受她们的折磨呢？

米：贵妇能听到骑士大声唱出来的情诗，这可能会产生一点儿影响。那又怎样呢？很难再有什么实质的进展了。贵族女性的自由十分有限，无法踏出城堡半步。晚上，她们睡在女士的房间里，年轻人在她们的窗外徘徊。获得一点儿独处的空间非常困难，别人的目光无处不在。据法国史学家儒安维尔所言，卡斯蒂利亚的布兰卡无法忍受其子——未来的法王路易九世——和他的妻子避开她。于是，她就把自己的寝宫安排在国王寝宫的正上方或正下方。要是她觉得太久没看到国王了，就叫人去找国王。那时可没有隐私一说。

妮：在十字军东征时期，贵族领主都走了，那贵族女性是否能过得自由一些呢？

米：其实可以想象到，即使贞操带只是传说，但出轨被抓的女人会被休，最严重的会有生命危险。婚姻是为了保证两种血统的融合。如果女人出轨，血统就会被污染，这是绝对不被允许的。现实中的单身男性长期混迹于同性之间，可能会与同性发生关系。女人对他们来说则是陌生的，是会让他们感到恐惧的存在。宗教散播开对女人的恐惧：女人，是恶。结婚要尽早完成，好证明男性的能力。新婚的第二天，展开床单，征服处女的男人完成了对自己的证明。战争被转移到了床笫之间，性意味着征服、占有和绑架。

小乐趣

妮：但女人仍抱有对爱情的幻想……

米：是的，马上就会发生改变。自13、14世纪起，城市文化的兴起促使资产阶级的女性进入市镇。在商店、工坊里，男女之间有了更多相遇的机会。男女在一起工作，社会更加开放，交通也更加便利。女人可能会在旅馆里遇到一个喜欢的男人，因为他只是过客，所以相互接触也没关系。到了文艺复兴时期，社会更加富有、开放，教会的控制有所减弱。农民为了控制生育，延后了女性结婚的年龄，为年轻人创造了一段婚前的恋爱时间。社会在一定程度上允许性行为的发生，只要没有怀孕，教会就能容忍。尤其是已有婚约的男女可以约会，可以有亲密举动，但最好不要越界。男女之间的关系逐步深入，慢慢摸索身体，亲吻嘴唇。在触碰、亲吻、爱抚中，女性占得上风，她们获得的乐趣可能比情人获得的更多。她们陷入了爱情。

妮：终于啊！贵族女性追求高雅，甚至复杂的爱情。不正好对应了《柔情地图》吗？

米：玛德琳·史居里创作了《柔情地图》和其他小说，推动了 17 世纪初文雅的爱情形式的出现。史居里小姐设置了一套复杂的爱情密码：保持距离，缓慢靠近，注重礼节。求爱的时间越长，就越是动人。

妮：她是受到了骑士之爱的启发吗？

米：骑士精神、神秘主义、西班牙传统，可能还有阿拉伯文化，都有一定影响。十字军东征回归时，也给欧洲带去了东方的影响，比如在窗台下演奏晨曲等更加高雅的求爱方式。《柔情地图》就像一场鹅棋游戏[①]，男人一格格前进，女人则一步步逃离，延长等待的时间。就算女人屈服了，也不能大肆声张，因为这是她的失败。

爱的声明

妮：只有在爱情开始之初，男人才会对女人表现出关注与崇拜，会说甜言蜜语，会做各种让女人心动的事情……为了让这美妙的感觉延长，女人就必须偶尔表现出不在意甚至是小反抗。而当她们屈从于男人时，一切就结束了。

① 鹅棋是法国的一种经典棋类游戏。——编者注

米：是的。一切都结束了，男人就“拥有”了她们。男人追求女人使用的手段最终都是为了那“最后一击”，为了“拥有一个女人”，就像攻下一座堡垒。因而史居里小姐告诫女人，不要表现出自己被征服了。在宫廷、贵族沙龙和资产阶级圈子里，这一切体现得更为明显。而女人们其实也为这种爱情游戏而感到兴奋。已婚但不快乐的女人幻想能再遇到一个深爱她的梦中情人；未婚的小姑娘总是希望能有一个倾心于她的未婚夫……17 世纪是一个关于爱情的伟大世纪，虽然也有规矩和道德的约束，但爱情的形式多样，自由浪漫。各种小说和回忆录中都留下了对这个爱情世纪的见证。当时的宫廷风气自由，有很多同性恋，甚至双性恋。翻阅圣西门的著作或帕拉丁公主的信，可以看到当时的宫廷风尚。尽管如此，男女之间仍有天壤之别，尤其是国王的妻子必须严守贞操。路易十四的私生子在宫廷里人尽皆知，而其妻玛丽·特雷莎一生都没有一个情人。在她死后，国王又娶了曼特农夫人，她对国王也非常忠诚，他们的婚姻似乎爱欲更占上风。

妮：所以开始出现了因爱而缔结的婚姻……在更普通的社会阶层中也有这样的婚姻吗？

米：女方的纯洁是婚姻幸福的保障和要求。马里沃讲述了一个故事，主人公玛丽安娜是一个贵族小姐，但成长环境普通，她需要在堕落的市井生活中维持自己的高洁。玛丽安娜很美，但她也因此必须抵制住身边的各种诱惑，只有这样她才能获得幸福。而在农村，女生必须自重，如果怀上了某个男生的孩子，那就必须嫁给那个男生。只有这样才能保证女生的名声。否则，她就会被看不起，被认为这一切都是她“自作自受”。

妮：大革命之后，人们是因为爱才结婚的吗？

米：似乎那是一个非常自由的时期，至少是对上流阶层而言。拿破仑与约瑟芬之间的往来信件中充斥着爱和欲望的直接表达。那时的教会势力衰弱，所以有了世俗婚姻和离婚的权利，其中80%的情况都是由女性提出的离婚。但这场自由风潮非常短暂。一方面是因为大革命制定了性别等级分明的夫妻制度。另一方面，拿破仑称帝，要求重整社会秩序。后来法国政府与天主教会签订了“和解协议”，教会重新获得了对婚姻的掌控，不再允许协议离婚。王朝复辟时期开始又全面禁止离婚。只有分居还可行，允许夫妻双方在不离婚的前提下不再一起生活。但双方还有婚姻关系，财产不能分割，不能离开教会。理论上说，他们还得守身，相比男性，对女性的要求更加严格。到了 19 世纪，分居成为法律行为，必须向法院递交说明文件。女性通常会写“受到不好的对待”，大部分情况是真实的，但偶尔也会成为逃避无法忍受的婚姻的借口。最著名的例子是乔治·桑和她的丈夫卡西米尔·杜德万。真正合法的离婚，要等到 1884 年法案，反对该法案的反犹人士称之为“犹太法”。然而，这一法律没能走太远，因为经过双方同意这一点总是不太容易实现。女性除了忍受丈夫外，好像也没有其他方法了。

家中天使

妮：19世纪开始重视浪漫爱情，社会开始认可婚姻中爱情的重要性了吗?

米：其实从18世纪就开始了，随着夫妻角色和职能受到更多重视。浪漫爱情可能发源于英国的个人主义。不受干扰的私人空间和个人隐私越来越被重视。由此，个人感情、家庭亲密关系也得以发展。19世纪的英国大作家写的很多爱情小说，最后的结局总是通向稳定的婚姻关系。在卢梭看来，爱情在婚姻中至关重要，但女性最重要的任务仍然是满足男人的需求。在《爱弥儿》一书中，苏菲是一个纯洁的女性，就像专门为爱弥儿打造的妻子，一个相爱的伴侣，一个能照顾孩子的好妻子。在受到女性读者追捧的《新爱洛伊丝》中，朱莉被塑造成一个正面的女性角色：一个可爱、温柔、顺从的妻子，一个擅长做家务的妻子，一个好母亲……

妮：女人真是家庭中的天使……

米：是的，这是一个被过分苛求的角色。《民法典》重新定义了家庭的角色，认为家庭是国家的基础和基本构成单位。个体由国家和家庭共同管理。因此，确立了父亲和丈夫权威的婚姻非常重要。女人被安排在家中，没有什么实际的权利。如果无法在家中感受到爱，那只能将爱寄存于幻想，偷偷幻想一份诗意的爱,即便稍纵即逝。女性有时能从中感受到被爱、被渴望，而不仅仅是受到家庭职责的约束。

妮：其他社会阶层也和资产阶级的这种生活模式——女性被禁锢在家中——一样吗?

米：法律推动了家庭关系的形成，尤其是在财产和遗产继承方面。即使是在几代人同住的农村地区，夫妻之间和亲子之间的联系也不断被强化。但对于去城里打工的女性来说，她们对自己的未来有不同的设想。她们有可能在城市遭遇到不幸，但很多人都不愿意再回乡嫁给邻居的儿子，一辈子当丈夫的仆人。她们渴望更美好、更温柔、更个人化的伴侣关系，她们去参加各种舞会认识新的人，甚至在结婚前就和男人同居。大革命时期提倡自由结合,但19世纪却使用了极具贬义的词“姘居”。王朝复辟时期出于道德伦理的考量，然后到共和国时期出于社会秩序的考量，婚姻和家庭的团结变得愈加重要。

妮：所以只有在放荡不羁的艺术家圈子里，男女才能实现自由结合吗？

米：艺术家、学者、无政府主义者……这些男人和出身普通的年轻女子同居，但她们知道不会和她们结婚。等年龄一到，男人终归要遵循家庭的意愿找一个门当户对的女人，而她们会嫁给工人。有人会说“她至少曾经实现过梦想……”，但即便是在这种自由结合中，男女之间依然有着明显的不平等。在艺术家的圈子里，女生很容易深陷其中，最后孤独终老。这同样也是“交际花”的命运：她们不是真正的妓女，因为拥有的情人不多，而且不为性收取费用，但又确实被情人供养，在性方面也有所付出。她们属于“半上流社会”，介于中间。

妮：不管在哪个阶层，还是应该趁着年轻漂亮，过上安稳的家庭生活……那些奉行自由结合的无政府主义者的女伴，她们的生活会好过一些吗？

米：他们的口号是“既不信上帝也不受主宰”，也就是，既不听从教会，也不服从国家。可是，这些号称现代平等的无政府主义人士反而更朝三暮四，他们的女伴也为此感到痛苦，宁愿选择和其他男人保持更长久的关系。

妮：婚姻仍旧是必经之路……

米：是的，只有结了婚才能成为“真正的女人”。一辈子不结婚，意味着没有完成人生的使命。为了在必须成为母亲和妻子的社会约束以及个人成就之间达成一种平衡，她们从此开始向往有爱情的婚姻。

成为母亲

妮：成为“真正的女人”，不仅要结婚，还要成为母亲……从什么时候开始，成为母亲不再是女性活在世间的唯一原因了呢？

米：我认为还没有。母亲一直是女性最重要的身份，关乎女性的地位、使命、命运……只要不对女性的生育能力进行控制，女性就能一直受孕，或者处于哺乳期。这是女性的命运，也是女性的能力。男人敬畏女人的生育能力，他们知道女人的肚子是生育的关键，只有女人才能生出他们想要的儿子。在古罗马，生育几乎是婚姻唯一的目的。如果夫妇恩爱，那不过是人生中的意外惊喜。一般而言，古罗马女性至少要生下三个孩子，才能保证生命的延续——很多婴儿都会夭折。从这以后，她才算是完成了自己的任务，才会在家里受到尊重，而且也可以不再和丈夫发生性关系。而她的丈夫可以去找情妇。这也算是一种有效控制出生人口的方式。但只有生下三个孩子的女人，才被认为是真正已婚的女人。

妮：如果头胎很晚，新婚妻子肯定会很焦虑……

米：是的，无子被视为是最大的不幸，甚至是一种诅咒。不能生孩子的女人不被当作女人。丈夫有权因此休妻。在为了绵延子嗣而结亲的皇室中，后果可能会更严重。比如拿破仑和约瑟芬。拿破仑深爱着约瑟芬，但为了国家利益，他必须得有继承者，因而牺牲了她。

妮：人们从来都不认为一对夫妇不孕，问题可能是出在男人身上吗？

米：如果男人不是阳痿，那问题就在妻子身上。就算是在今天，医生通常也是先在女方身上做过全面检测后，才会给男方检查。怀疑问题在男人身上是一件棘手和不便的事。在历史各个时期，男人的不举被认为是夫妇不孕的罪魁祸首。这是耻辱和灾难。1960年上映的由莫洛·鲍罗尼尼导演的电影《英俊的安东尼奥》中，安东尼奥（马塞洛·马斯楚安尼饰）住在西西里岛，他年迈的父母希望他结婚，但他就是不情愿。他甚至被怀疑是同性恋。但事实并非如此，他其实是性无能。对他自己、他的家庭和所在的城市（所有人都知道了）来说，这是一出悲剧。我们还在想他不会去自杀吧。毕竟在意大利当时的社会中，性无能是最糟糕的情况。正如不生孩子的女人不被当作女人一样，性无能的男人也不被当作男人。

妮：所以就把不孕的责任推给了女人！那只生了女儿的妻子也会被看不起吗？

米：她的丈夫很可能会非常不满，但她至少不用承担不育的罪责。她不会被休，但会受到同情和指责。生不出儿子会被认为是她的错。

怀 孕

妮：在现代医学可以检测出怀孕前，女性什么时候才会知道自己怀孕了呢？

米：例假停止就是怀孕的信号。这一点早就已经被他们发现了。对期待孩子到来的妇女来说，这是个好消息。当然也有可能只是例假延迟，那就继续关注，等下一个月……但并不是每个社会阶层都是如此。在同一时期，就有许多不同的方法。更何况贫富之间、城乡之间的差别非常大。城市里的人对这些事情更加了解；而农村里的人通常并不了解自己的身体。在历史文献或文学作品中，经常有许多女性生下了孩子还不知道到底发生了什么的例子。我们也不用怀疑某些社会阶层在这方面的知识匮乏程度。

妮：对于那些知道自己怀孕（还好是大多数）的女人来说，城市和乡村的孕期生活有什么不同呢？

米：差异最大的是对工作的态度。对于一个贵族或资产阶级女性来说，怀孕期间工作简直是一种耻辱。所以，她们在怀孕期间可以尽情享受时间，接受周围人的关注和照料。而对于农村女性而言，干活干到最后一刻才是荣誉。她们不能躺下休息，要忙家里和农场里的各种活计。健壮的女人才是最好的！在工人阶层，准妈妈和工作之间产生的冲突更大。工厂更像是男人而不是女人的地盘。年轻的女性可以去工厂，但只能在还未结婚或生第一胎前去。由此也出现了有关生育保护的法律和产假。

妮：在不同时代，孕妇都穿什么呢？是大大方方的还是尽量掩饰呢？

米：怀孕的身体好像并不会构成什么问题。伦勃朗曾为他怀孕的妻子作画。在画中，妻子萨斯基亚的大肚子显而易见，伦勃朗的手还搭在她的肚子上。这是源自犹太教的观念：生育，也就是女性怀孕的身体，非常受重视。后来传到基督教，可能少了几分落落大方。宫廷的贵妇换上了更宽大的衬裙。其实这件事并没有什么禁忌，再正常不过了。人们最多会说："女士变圆润了。"

分娩的痛苦

妮：然后，就是不可逃避的分娩了。这个过程总会伴随着焦虑和恐惧。女人为此遭受了巨大的痛苦，甚至冒着付出生命的危险……

米：我们都很清楚，分娩非常危险。很长时间以来，产妇的死亡率居高不下，这也是造成男女平均寿命不同的一个重要原因。分娩的过程中可能会大出血，可能会感染……要是胎儿的情况不佳，人们也束手无策。在过去，分娩是件神秘的事，只有女人能帮忙，是属于女人的事。慢慢地，医生参与进来，用科学的方式辅助分娩，并开始培训助产士。剖宫产的出现可以追溯到15世纪，这其实算是一项外科手术。在意大利，医生给贫穷的产妇做剖宫产手术，也以此精进技术。因为外界的干预对孕妇来说是致命的，所以最初剖宫产只是为了保住孩子。

妮：教会在这件事上有什么说法吗？

米：教会从未对此有过明确表态，但还是倾向于保住孩子。医生之间对此问题产生了激烈的争辩。慢慢地，医生、丈夫都倾向于保住母亲，认识到产妇比胎儿更重要。到了启蒙时代，一般都会选择保住产妇。

妮：在当时的背景下，女性的分娩还算是隐秘的甚至羞愧的，男性介入不会非常尴尬吗？

米：男性接生曾经是禁忌，受到了女性的强烈排斥。从那时开启了医生与产婆之间的拉锯战。从历史角度看，产婆的出现很大程度上是因为女性的羞耻心。但认为医生掌握了更先进的技术，让医生接生更加安全的观念也慢慢被上层社会接受。今天，医生面对产婆的优势依然还是压倒性的，而后者也在努力宣传自己的能力。

妮：医生也会在意产妇分娩的痛苦吗？

米：并没有。很长一段时间里，医生对普遍意义上的痛苦，尤其是分娩的痛苦并不关心。人们认为，痛苦是自然存在的。上帝说："你将在疼痛中分娩。"相反，女人之间会互相告知减轻痛苦的方法。女性的整个文化都是围绕着痛苦而发展起来的，痛苦是恐惧的源泉，但也能滋生荣耀。基督教的教义从不反对痛苦，而相信人必须要经历磨难。过后，我们才能将痛苦的经历告诉孩子。自称左派的人士引入无痛分娩后，引发了真正的政治论战。无论如何，分娩能让女性产生一种加入俱乐部的感觉。讲述分娩的经历变成了她们的传统："我第一次生，第二次生，第三次生……" 她们会强调其中的小插曲、她们流下的血。她们经历了一场战斗。

同一个奶妈

妮：无痛分娩万岁！在此之前，刚经历分娩并幸存下来的女性会由身边的女性负责照顾。我们可以从"安产感谢礼"和"出月子" 中了解到什么呢？

米："安产感谢礼" 是一个宗教性的仪式。分娩几周后，女人要回到教堂，接受净化，在这个过程中接受祝福，然后重新开始婚姻生活。出月子意味着重新来例假，意味着重新具备生育能力。但因为还有一段很长的哺乳期，所以哺乳期的生育能力并不强。

妮：可是富有的女性都不会亲自哺乳……她们不是更喜欢请奶妈吗？

米：确实。请奶妈不仅是富有女性的选择，也是工作繁忙的妈妈的选择，比如工匠和商贩的妻子，她们需要在工厂或商场里工作，没有时间照顾孩子，于是就把孩子交给奶妈。在 18 世纪时，非常富有的家庭会花更多的钱请一个“住家奶妈”，相当于家里的仆人。再或者，也可以请奶妈把孩子带到尽量不太远的乡下。一般在巴黎周边地区，比如诺曼底、勃艮第、莫尔旺……

妮：那托付给同一个奶妈的孩子，就成了一起吃奶的兄弟姐妹。

米：是的，这是非常紧密的联系。如果两个婴儿吃过同一个奶妈的奶水，那就几乎相当于是兄弟姐妹了。同时，他们之间最好不要发生性行为。

妮：那些在奶妈看护时夭折，甚至是在送去看护的途中夭折的孩子又怎么说？

米：对于家境好，有钱支付照管费用的家庭来说，情况相对好些。但孤儿和弃婴也会被送到乡下。这些婴儿的死亡率就很高了，在 19 世纪时高达二分之一。要么是在途中就不幸夭折了，要么是因为奶妈同时负责太多孩子而没有足够的奶水喂饱所有孩子。这些婴儿要么没有父母，要么是私生子，要么被遗弃了，所以他们的死亡也就变得无足轻重。

妮：可以想到他们的母亲应该也生活在水深火热之中……

米：生下私生子的母亲是有罪的。在当时的社会背景下，私生子就不应该存活。这是生下来就带着罪的孩子，应该把他藏起来或扔了。教会还是会给私生子洗礼，但他在社会上没有合法的身份，也不能享受应得的权益。既无名，也无财。即使是在宫廷中，国王的私生子虽然不会被遗弃，但也无权继承王位。国王会赐予他们头衔和土地，但也并不一定。

“好妈妈”

妮：母爱是从什么时候出现的？是在遥远的过去就产生了，还是随着社会的逐渐形成才出现的呢？

米：认为母爱单纯是社会的产物未免有些过于简单。在孩子出生前，母亲和孩子之间就已经有非常强烈的情感连接了。这让我联想到基督教里曾讲到一位即将赴死的母亲，她唯一担心的是谁能在她死后照顾她的孩子。这个关于爱和关怀的古老例子，绝非特例。在基督教中，圣母是母爱的化身。在 17 世纪这个宫廷贵妇都不关心孩子的时代，塞维涅夫人倾尽一生都在向她的女儿表达热烈的爱。但社会整体对母爱的要求确实很低。很长一段时间里，人们并不指望母亲能好好照顾孩子。

妮：每个社会阶层都是如此吗？

米：在贵族和资产阶级中，母亲很早就会和孩子分开，把孩子交给奶妈照顾。母亲只会时不时看看孩子，不会亲自抚养或教育。人们认为孩子和母亲应该保持距离，这样孩子就不会破坏父母之间的亲密关系。但在平民阶层中，孩子会更亲近母亲。在乡下，孩子围在母亲身边，母亲则一边干活一边照顾他们。奇怪的是，许多社会变革往往都源自上层社会，但母爱的这个例子却来自下层社会。

妮：为孩子奉献的“好妈妈”的原型是如何形成的呢？

米：可以追溯到启蒙时期，尤其是卢梭。从开始重视孩子那一刻起，母亲的角色就变得更加重要。于是，社会塑造出了一个“好妈妈”的形象：喂养孩子、关心孩子的成长和教育，并将之当作一项计划。她要全身心投入，将孩子培养长大。大革命并没有赋予女性公民权，却将女性视作社会公民，因为她们是母亲，承担了培养下一代公民的重任。文学作品中也有许多对“好妈妈”的塑造和对母亲行为举止的规范。女性作为母亲在社会和政治中的作用，受到了越来越多的重视。

为孩子奉献

妮：既然有“好妈妈”，那肯定也有与之对应的自私的“坏妈妈”吧？

米：当然……巴尔扎克的《两个新娘的回忆》就是一个有趣的例子。故事的背景发生在王朝复辟时期，讲述了两个一生互相通信的朋友的故事。一个叫勒内，出身于资产阶级家庭，她一直想成为母亲。她爱孩子，用“baby”亲昵地称呼孩子，每天忙于给孩子喂食，陪孩子玩游戏，哄孩子睡觉。而她的朋友露易丝，还渴望过着从前的生活。对她而言，最重要的是爱和被爱。她不想要孩子，觉得孩子是“麻烦”，她在信中如此写道。她也确实没有生孩子。最后，她在病痛中孤独地死去。从巴尔扎克的观点，或者那个时代的道德观来看，母亲就要像勒内，不追求个人的快乐，为孩子奉献从而找到幸福。

妮：人们越来越重视婴儿了……

米：是的，从18世纪开始。与此同时，对婴儿的照顾也变得越来越科学。产妇和婴儿都得到了更好的医学护理。妈妈们也能得到更多科学的育儿知识，以便更好地抚养孩子。这一风潮在20世纪的法国达到顶峰，因为婴儿的死亡率居高不下，而且人口的出生率也下降了。很多母亲加入了救助孩子的组织中，为孩子清洗、喂食。诊所、"一滴奶"组织和巴斯德研究院都起源于那个时期。这些机构建议母亲尽量延长母乳喂养的时间，教她们给奶瓶消毒，注意维生素的摄入。因为婴儿也属于国家，所以母亲们肩负着巨大的责任。

妮：对卫生问题的重视自然对健康有益，但也加重了主妇们的家务负担。

米：是的，卫生和清洁都属于家庭主妇的职责范畴。尤其是洗衣服、熨烫、缝纫都是很女性化的工作。女人不是在洗衣槽边，就是在取水的路上。洗衣服、打扫房间、做饭、照顾孩子，这些都被认为是女人的工作。男女职责的划分非常明确，家务活都属于女人。除了在工业化初期，一个从事织布的家庭里，家里的男人负责织布的主要环节，要是女人还要做一些收尾的工作，男人就会帮忙做饭。这几乎可以算是男女分担家务的唯一情况了。

妮：男人其实也不是不进厨房。当下厨不再只是每天的苦差事，而变成一份提高身价的工作时……

米：就连食物的世界也有性别区分。男人负责肉和酒，女人负责蔬菜和牛奶。煮肉是男性化的。与猪肉相关的一切，比如杀猪、制作肉肠，都只能交给男人。来例假的女人不被允许靠近，因为可能会污染肉肠。葡萄收获时也是一样。只要涉及高贵的食材准备，女性就会因为不洁而被赶走。

“致命的秘密”

妮：年轻的女人结了婚，成为母亲，很快又产生了其他烦恼：不能每年都怀孕，不能太过劳累，要努力喂饱越来越多的家里人……

米：生下很多孩子的女人，只能不安地期盼着例假的到来……要是她们生活贫困、身患疾病或者单身，那情况就更糟糕了。事实上，避孕，或尝试避孕的方法，一直都存在。我们对古代发生的事知之甚少。但我们知道，在基督教最初的几个世纪里，教会就明确反对“俄南之罪”，也就是中断射精。教会在这一点上态度明确，这是一种罪。到了20世纪，教会更是谴责阻止男人射精的手段。因为教会认为，上帝赐予男人精子就是为了生育。教会同时认为，性行为是人的弱点，只能允许婚姻中为了生育而发生的性行为。如果不想生孩子，那就不应该发生性行为。

妮：人们会遵循这些规矩吗？

米：显然很难。法国是欧洲第一个采取大规模避孕的国家。

农民为了财产的继承，希望能够限制生育。为此，从中世纪末开始，结婚的年龄被推迟了。由于那时人的寿命普遍偏短，所以夫妻共同生活的时间远远少于现在，很少有一起生活五十年的夫妻。夫妻能够生育的时间也很短。但阶层不同，情况也不同。贵族一般结婚早但不同房。而人们普遍都践行着17世纪的神父宣称的“致命的秘密”——中断射精，就连乡下也被波及了。所有人都知道这样做会受到教会的惩罚，但没人在意。对女人来说，一个好丈夫，是“小心行事”的男人。她为此感到自豪，认为这是有面子的事，因为这意味着“他爱我，爱护我，懂得自控”。而如果男人不够小心，女人就不会开心。况且周围的邻居也都会知道，这个不幸的女人总是不停地怀孕。

妮：为了避免怀孕，还可以禁欲……

米：是的，要是一对夫妇不想再生孩子，就会采用这个方法。男人不再和妻子睡觉，而会去找农场女佣，找城里遇到的女人，或者妓女。男人总是有两种解决性欲的方式，而女人只能和自己的丈夫。因而才会流传出女人没有性需求的说法。男人的性冲动不可抑制，精子是珍贵的液体，像流动的水……所以男人必须得做点儿什么！

妮：所以才有了妓女……她们会采取各种避孕的方法吗？

米：是的，她们会尝试比如灌肠、清洗下体等方法。妓院里需要许多水，因为她们经常需要清洗。在 17 世纪的英国，清洗用的海绵和类似避孕套的避孕工具已经广为流传。当然，妓女有时也会怀孕，因为她们也想成为母亲。但她们为自己知道如何控制怀孕而感到自豪，就像是她们的专业技能。不过这只能作为妓女的技能，丈夫是不敢向妻子建议避孕的。

妮：安全期避孕法更容易被教会接受，是因为需要定期禁欲吗？

米：这其实是新近才出现的。女性排卵规律直到 18 世纪末才被发现，19 世纪中才得以证实，而到了 20 世纪才真正受到重视。这与因爱而结婚的观念和对灵与肉结合的爱的追求有关。夫妻之间的性得到重视。信仰基督教的夫妻——尤其是天主教教徒，因为新教教徒在这方面更开放——因此受到了痛苦的折磨。法国出现了一个“基督徒婚姻协会”，它一方面宣扬婚姻中的爱，另一方面又禁止避孕。天主教的医生，如奥吉诺，了解了年轻夫妻的难题后，发明出了利用温度检测女性排卵期的方法。如果想要孩子，最好在这个时间段做爱；如果不想要孩子，则最好在排卵期开始前或结束时。当然这种方法并不是百试百灵，人们经常称呼意外怀上的孩子为“奥吉诺宝宝”。

打　胎

妮：尽管有各种人工避孕的方式，但自古至今，女人总免不了要接受“又怀孕了”这种令人沮丧的意外。

米：是的，这对她们来说是从未间断的痛苦，意味着苦难、饥饿、羞耻……所以怀上的女人会想方设法地“摆脱”这个孩子。而事实上，堕胎和杀婴自古就有，并且被社会默许。在各个时期的各种文化中，都存在堕胎的各种方法：用药、喝特殊的液体、干重活儿等。还有些隐秘的堕胎方法，只掌握在有些女人手中。在中世纪，她们就是女巫。女巫的身份很难界定，因为她们同时也懂得治病疗伤、知晓人体、了解植物，通晓生与死的秘密。到了19世纪，女巫这个身份逐渐消失，取而代之的是江湖郎中。巫婆、江湖郎中、接生婆这些人都会堕胎。在公众看来，这种行为本身完全正常。虽然不会明说，但也不会感到内疚。已经生下许多孩子的已婚妇女认为自己有权堕胎，其他人也会帮助她，甚至是家里的男人。没有人会对此有异议。事实上，很多人还觉得这是一种节育的方法。特别是对普通家庭来说，养育孩子的成本非常高。孩子要上学，要见习，需要投入很多钱。为了控制家庭的规模，堕胎获得了一致同意。

妮：但从法律角度来看，堕胎是违法的吧？

米：在弗朗索瓦一世时期（1494—1547）的文本中，就有堕胎被认定为犯罪的记录。但这只停留在理论层面。《拿破仑法典》明确规定了堕胎和杀婴是犯罪。但一般也只有杀婴会被起诉，堕胎则很少被起诉。人们对堕胎抱有一种宽容，就算所有人都知道，也不会去告发。但这一情况在19世纪末发生了转变。随着人口统计学的发展，人口普查变得更加精准。一般认为，人口越多，国家就越强大。法国对逐年下滑的出生率警惕起来，于是就怀疑到私下的避孕和堕胎行为上。对孕妇进行调查，结果发现很多妇女在堕胎后得了产褥热。得到的数据也很惊人（20世纪，法国每年约有100万人堕胎）。是真是假，现在已无法判断。但从那时起，医生们开始动员妇女生育和照顾孩子。左拉写了《繁殖》一书，赞扬多子家庭中的母亲。

妮：所以从那时起开始了对堕胎的抵制吗？

米：从 19 世纪六七十年代起，国家开始追查堕胎的人。到九十年代又加强了举措，政府要求检察官在法律上对他们进行严惩。民众并不理解，甚至对此感到震惊。当时在法国北部城市埃夫勒的法庭上发生了一件引起巨大反响的案子。当局抓捕了一个专门堕胎的江湖郎中和找他堕胎的女人们。但民众为他辩护：这个人是在帮忙。政府花费了大力气劝导民众“堕胎是错的”，他们没有堕胎的权利。这是官方和国家的命令，堕胎是叛国罪。因为孩子属于国家，所以母亲们必须生下包括非婚生的孩子。在两次世界大战期间，1920 年颁布的法律禁止任何避孕的宣传，1923 年的法律规定堕胎案件要提交给轻罪法庭。

妮：后果好像并没有那么严重?

米：表面上看是这样，但实际上，把女人直接传讯到法官面前，法官就可以以更强硬的态度有效制止堕胎，而不是在重罪法庭上被代表人民的陪审团宽恕了。但无论如何，国家对女人的态度比对江湖郎中要宽容得多。后者犯的是更严重的大罪。但尽管国家的态度强硬，从20世纪初，堕胎就不会再被判死刑了。到了维希政府时期，这个反女性的政府又恢复了这条法规：1943年，堕胎的女性会被送上断头台。正如克劳德·夏布洛尔导演的电影《女人韵事》中讲述的故事。

妮：那教会呢?

米：和国家一样，教会直到19世纪末才参与其中。当然，在此之前，教会也并不赞成堕胎，但实际上也没有说什么。神父知道他们不应该对此多加干涉。当时教会对夫妻生活主要保持缄默。这属于夫妻之间的事，神父渐渐就撒手不管了。但当国家开始抓生育率、管制堕胎和避孕时，教会立刻在道德层面发声。肉体、罪恶，这都是教会的管辖范围啊！指令自罗马发出，经由各区主教传给神父，再由神父劝导女性不要实行避孕，更不能堕胎。从此，国家和教会之间展开了一种竞争，双方都认为，女人的身体都应归他们管。

牺牲品

妮：有些母亲无力抚养不想要的孩子，她们还是会选择杀婴。而且正如您所言，这件事由来已久。

米：婴儿的生命是近来才受到重视的，胎儿，甚至新生儿就更晚了。在古罗马时期，父亲可以随意处置自己的孩子。很多时候，人们私下就把胎儿打掉了。那时的新生儿还不被认为是人类，而更接近胚胎。很多妇女会宣称胎儿生下来就是死的，于是就不会再有人问东问西了。惩治杀婴的行为可以追溯到中世纪。如果刚生下来的婴儿哭了，就说明他已经有了灵魂，所以应该马上进行受洗。这样才不会下地狱,而会去到“灵薄狱”，一个见不到上帝但也不会受苦的地方。到了 15 世纪，王室颁布法令要对杀婴行为进行惩治，但仍是屡禁不止。一些穿着宽松长袍的妇女肚子是隆起的，但过几天就平了，人们也就睁一只眼闭一只眼……后来，国家开始更多地干预此事，人们也慢慢意识到了婴儿生命的重要性。在乡下，有人犯事就会被举报。在法兰西第二帝国时期，每年大约有一千名女性因杀婴罪被判刑。司法档案中记载了她们的悲惨境遇。其实，已婚妇女总是被格外开恩，80% 的案子中的受害者都是贫穷的农村女孩儿。

妮：被诱惑后又惨遭遗弃的女孩儿……

米：是的，都是非常年轻的女孩儿，沦为了性的牺牲品。她们生活在共住房和谷仓这些仆人睡觉的地方。她们有可能被主人、男仆、小贩盯上，而她们往往做不到“守身如玉”。她们怀孕后就被男人遗弃，而这些男人大部分都是已婚的。所以她们只能自己想办法“流”掉孩子，但如果不成功的话（大多数都如此），她们只能穿着宽大的衣服遮掩身形的变化，为了不被辞退而保持沉默。农场的女主人发现了，有时候会帮助意外怀孕的女仆而成为“同谋”。但这种情况不多见。等到分娩的那一天，这些不幸的少女一个人生下孩子，又要想办法处理掉婴儿。第二天，她们又要重新工作。如果人们察觉到她们突然变得消瘦，她们就说是因为生病了。大多数时候，人们都睁一只眼闭一只眼。但要是没有处理好，她们就会被辞退。宪兵队会到处搜查，要是发现被遗弃的死婴，这些女人就会被送上法庭。

妮：她们会面临什么处罚呢？

米：理论上来讲，杀婴是犯罪，所以她们可能会被判死刑。但法庭往往会网开一面。这些年轻的女孩儿往往会被认定为受害者，而在那种情况下出生的私生子没有太大的价值。从 19 世纪中叶开始，死刑减为了苦役。这些女性会被送往圭亚那或新喀里多尼亚。那里的苦役犯服完刑后继续被流放，他们想组建家庭，所以也需要女性。

妮：对于那些不想或不能流产或杀婴的妇女，她们还可以选择弃养。

米：遗弃孩子也是不被允许的，所以只能秘密进行。在中世纪，修女们会照顾这些婴儿。她们认为新生儿有灵魂，所以不能放任他们死去。到了 17 世纪，出现了更体系化的模式。修道院的门口安装了一道带有隔间的旋转门，女人可以悄悄把孩子放在上面，等待修女转动门接收孩子。这个方式一直在欧洲持续到了 19 世纪中叶，在拿破仑三世统治时遭到禁止。那个时候认为还是由亲生母亲抚养孩子更好，而社会可以为她提供帮助。因为当时大量的孩子都死在了孤儿院。到了第三共和国时期，国家设立了公共救济机构，认可了匿名生育并把孩子送到乡下的做法——这就是法国作家让·热内的生平遭遇。

年老的女性

妮：接下来女性开始衰老，经历一段更加脆弱的阶段……

米：女人一向畏惧衰老，因为这意味着孤独和痛苦。无论单身还是已婚，女性总是会对丧失吸引力感到恐慌。到了 19 世纪，整个社会都笼罩在对衰老的恐惧中。从莫泊桑的小说可以看出，男男女女都对着镜子，担忧着加深的皱纹和日渐长出的白发。巴尔扎克也说，在那个年代，30 岁以上的女性就不再被当作女人看待。不过这并不是他的看法，他的女性朋友韩斯卡夫人就比他年长。《幽谷百合》的女主人公莫尔索夫人，是一位十分迷人的母亲。年轻的男主人公为她疯狂着迷。但她没有屈服于他，并最终离世了。对巴尔扎克和福楼拜而言，成熟女性独具魅力。但他们或许只是试图探寻更成熟的女性形象的艺术家。对大多数普通女性来说，衰老是一种不幸。

妮：独身的女性在这个年纪会感到更加孤独，而很多已婚妇女也会在这个年纪成为寡妇。

米：年纪大的女性大多会落入悲惨的境况。而寡妇总是比鳏夫多，这和男女寿命以及结婚年龄有关。另外就是，鳏夫一般都会再婚。

妮：是什么造成了男女平均寿命的差距呢？

米：这不是一种自然现象，而和生活方式与意外有关。当今男女寿命的差距大概是 8 年。如果回到 18 世纪中叶，女性比男性平均多活两年。在 19 世纪末 20 世纪初，两者之间的差距变得更大。在战争期间，特别是经过第一次世界大战，男性的比例以可怕的速度大幅降低。工业革命也拉大了差距。女性在家中的时间比较多，而男性则要外出工作，而工厂中总是会发生各种事故。此外，男性的身份认同建立在对风险的承担之上，不能担风险的男人不能算是男人。而女性则倾向于对风险采取预防措施，不会太冒风险。而且在过去，女性很少吸烟，也几乎不喝酒。有时普通阶层中也能看到醉酒的女人，但情况并不常见。而且女性经常去看医生，尤其在怀孕时，所以也更关心自己的身体。

妮：女性寿命的延长是否与生育间隔的延长和生育条件的改善有关？

米：是的。威胁女性生命的主要危险就是频繁怀孕、分娩不顺利和分娩中的感染以及大出血。在真正的避孕手段普及前，夫妻们也慢慢找到了延长生育间隔的方法。妇女生育的孩子数量变少，分娩技术和卫生条件也越来越好，女性得到了更好的照顾，但有很多年轻女性死于分娩。

妮：在这种情况下，年轻的鳏夫们肯定不会长期单身……

米：何止年轻的，就算年纪大的也是如此！他们通常会和一个更年轻的女人再婚。这种新的结合会得到所有人的认同，因为男性必须要有性生活。否则鳏夫只能过苦日子，家庭的财产将受到威胁，而且他也需要一个女人操持家务。

妮：那如果寡妇想要再婚呢？

米：社会不会看好，寡妇再婚会被认为不忠。当然，如果她还很年轻，而且守了很长时间的寡，那社会也是允许的。但如果她已经到了一定年龄，她的家庭不允许，孩子也不愿意，那就会认为是她的欲望在作祟。一个女人到了一定年龄如果还想要过性生活，便会受到舆论和教会的谴责。一般来说，更年期意味着女性生命的终结。一旦过了生育年龄，部分女性便会获得一种新的自由，就像是性与权之间的一场交易。社会会认可女性拥有对家庭事务、子女婚事，甚至乡村或城市事务的发言权，似乎她们获得了和男性一样的地位。

泪 水

妮：寡妇们如何生活呢？她们会和孩子们生活在一起吗？

米：资产阶级家庭通常会给寡妇留一些钱作为嫁妆，所以她们也就没什么可抱怨的了。她们有时甚至认为这段时间非常自由。但是，孩子们会觉得她带走了很大一部分的遗产。所以，家庭成员之间经常会出现各种财产纠纷和争执。但如果遗嘱没有规定给她们应得的那部分钱，孩子就是遗产的第一顺位继承人。这对寡妇而言，意味着失去了经济来源，通常情况下都无力维持家庭开支。这也是为什么很多年迈的寡妇不得不住在孩子家里，蜗居在一间房内。

妮：那平民阶层的寡妇呢？

米：生活非常艰难。除了丈夫战死的寡妇外，其他人都没有养老金可拿。1910 年，法国颁布了第一部关于女工和农妇的养老金的法律，但还是有很多人并未因此获得相应权利。没有工作的女性就没有任何收入。只要她们还能工作，比如看管奶牛、捡木材，那生活还可以过得去。但是随着年纪增长，身体越来越差，她们的生活就会一落千丈。她们只会被当成要饭吃的人，会受到残酷的对待。在有些地区，她们会被关在小茅屋里，就像给狗喂食一样时不时得到一口饭吃。

妮：听起来真让人心寒……

米：她们也会为了生活而抱团。带着孩子的年轻寡妇会住到一起。从 19 世纪下半叶开始，一个家庭主要由一对夫妻和孩子组成，老年人很少会留在家中，而会被送往由修女管理的收容所。收容所里的人大多是生活悲惨的老年妇女。在当今这个时代，我们要面对的已不只是“第三年龄”（退休期）人口的增长，还有主要由女性组成的“第四年龄”（依赖期）人口问题。这个阶段的老年妇女大多身患疾病，而且她们那一代人并没有正式的工作，只是打打零工或做一些简单的工作。所以她们的养老金微薄，生活贫困。

妮：但今天，祖母是家庭生活的一个支柱。难道并非一直如此吗？

米：今天，我们可以看到六七十岁的女性，还远不到“第四年龄”，仍旧活跃在社会各界，照顾丈夫、孙辈，甚至是 90 多岁的父母！但这种情况是近来才出现的。通过 19 世纪的小说和自传，祖母们慢慢进入了公众视野。在书中，祖母在个人和集体生活中扮演了一个重要的角色。她是把过去的记忆传递给后代的人。乔治·桑在《我的一生》中回忆了她的童年，而祖母是其中的一个关键人物。她的祖母生活在法国旧制度下，向小孙女传递了丰富的文化遗产。60 年后，普鲁斯特也追忆了他的祖母，这位见证了“流逝的时光”的关键人物。她还送给了普鲁斯特一本乔治·桑的书《弃儿弗朗索瓦》……

妮：女人传递了记忆……也总是负责与死亡相关的各种事。女人迎接新的生命，也帮助送走生命……

米：自古以来，许多宗教文化中都有这样的女性角色。在古希腊故事中，几乎没有出现女性迎接新生儿的场景，但她们会送战士前往战场，也会在城门口迎接阵亡战士的遗体归来。她们会在葬礼上痛哭落泪，表达悲痛之情。在今天的地中海文化中，依稀还保留着些许痕迹。穿着一身黑的妇女们在葬礼上夸张地大声哭喊……而男人们则相反，他们必须保持冷静，喜怒不形于色。

妮：泪水一直以来都只属于女人。

米：是的，一个流泪的男人就不是男人，而一个不哭泣的女人也不能算是女人。女人是照顾病人，给死者合眼、整理遗容、守夜和入殓的人。女人拥有对死者的回忆，能将家族和祖先的记忆传递下去。她们是出生与死亡的守护者。

第二节 反抗与逃离

教会是男人的事

妮：面对女性长期以来的困境，我们完全能够理解有些女性试图反抗命运，抗拒结婚、夫妻生活、生育，甚至是男人……那我们接下来就聊一聊这些无论是出于被迫还是自愿反抗命运的女性们。在很长一段时间里，她们唯一的出路就只有宗教。可其实只有融入公民社会，她们才有可能争取到和男人平起平坐的机会。即便是在古代的万神殿里，女神也不等同于神。

米：是的。但也有一些女神十分重要，比如代表生育的女神、代表爱的女神和代表智慧的女神。这些女神是对女性的升华，但未颠覆女性的角色。男女之间并不平等，任何女神也无法比肩至高的天神宙斯。一些破格的女性，比如弗朗索瓦丝·埃希提耶前面提到的亚马孙女性，更多地反映出男性面对女性可能掌握的权力的恐惧。酒神狄俄尼索斯的女祭祀是疯癫狂放的女人，她们代表着危险、混乱。她们的占有欲、邪恶和嫉妒（比如美狄亚杀子），也会给众神的国度制造混乱。

妮：同时，由于她们身上具有的“非理性”特点，她们在各种祭祀中发挥了重要作用。

米：古罗马的女人守护火种、供奉灶神，甚至成为预言者、女祭司。女性同样是埋葬死者并保存记忆的人。她们被认为与神明或亡灵有着特殊的联系。在中世纪，女巫、梦游者和招魂者则被认为是拥有这种能力的人。在科学迅速发展的19世纪，人们还围着桌子，施展流行的招魂术，而女性的身影经常出现其中。

妮：女性也经常出现在教会中，但永远位居第二。

米：举行圣体圣事[①]是男人的事。但在基督教诞生伊始，耶稣对待女人的态度就不同于那时的男人对女人的态度。追随他的女性——圣母和其他圣女——位居耶稣身后，因为她们是听从耶稣和使徒的。但耶稣对她们的态度是尊重、亲切。当圣女玛尔达向耶稣抱怨玛利亚没有给她提供足够多的帮助时，耶稣与她们谈话许久，平息了争端。此外，耶稣对被社会嫌弃的女性，如妓女和通奸的妇女，都表现出了极大的宽恕。他对男人们说："你们中间谁是无罪的人，谁就可以先拿石头打她。"他清楚地知道，这些男人都背叛过自己的妻子。

妮：对于不忠，耶稣认为男女没有双重标准。

米：确实。他也没有谴责卖淫女。当抹大拉的玛利亚接近他时，耶稣与她交谈，劝她停止卖淫并信奉于他。玛利亚自此成为信徒，并和圣母玛利亚一起见证了基督的下葬和复活。之后，她乘船去了普罗旺斯，在法国南部传播福音。玛利亚进行着使徒的工作。后来，她秘密隐居，继续为过往赎罪。但她一生都留着一头象征着女性诱惑之美的长发。

① 一种宗教仪式。

妮：所以耶稣在这方面是一个变革性的人物。可在他之后，男女平等在基督教会中荡然无存。

米：因为教会的创始人彼得，只认可男人担任神职人员。在授圣职时，明确规定只有男性可以继承使徒的衣钵。将女性排除在神职人员之外，是一种根本上的不平等。之后，保罗将结婚变成基督教的圣礼，宣称上帝面前，男女平等。他说，在天堂里，再无男女之分。这种态度其实模棱两可，因为他说的平等只是男女与上帝的关系的平等，而且只停留在灵魂层面。而在世间，教会中的不平等仍旧存在。

妮：圣保罗在《以弗所书》中说："女人们，要像对主一样听从你们的丈夫！"

米：在《哥林多前书》中，圣保罗又让女人在教会中头戴面纱："如果一个女人不戴面纱，那就必须剪掉头发。若对剪发或剃头感到羞耻，那就戴上面纱。"还是关于头发的诱惑力……女人在教堂里不应该说话，除非作为女祭司发言，但也要带着面纱。信徒和不信教者不能发生关系，所以必须严加管控女性。女人总是危险的……

妮：但古罗马的女性活跃在祭祀仪式中。

米：是的，在过去，女人的身影在基督教会中出现得更多。她们可以在地下墓穴中，伸出双手大声祷告。到了中世纪，女性神职人员的职能进一步被缩小。女执事只能做一些看管圣器和圣油的工作。教堂执事都由男性担任。当然，所有女人都必须戴着面纱。只有把女性气质隐藏起来，她们才能出现在教会。

圣母战胜了夏娃

妮：这种现象在修道院中应该更加明显……教会是从什么时候开始组织建立修道院的呢?

米：教会从一开始就把贞洁视为一种至高的状态，不管是对男人还是女人来说。早期基督教的教会圣师——其中大多数都是隐士——对性有一种无法摆脱的恐惧。到了4世纪，圣奥古斯丁撰文专门阐述了这一问题。其思想核心就是，肉体的罪乃罪大恶极，身体是恶的主要载体。那时也是重写《创世纪》

的时期。在第一版中,女人和男人是同时被创造出来的。但此后,女人就变成亚当身上的一根肋骨,是夏娃听从魔鬼,诱惑了亚当,将原罪带到了人世间。此后，女人的主要职责就是赎罪。幸运的是,圣母崇拜的出现让女人从这种状态中走出来。圣母玛利亚,就是夏娃的另一面。圣母战胜了夏娃。

妮：贞洁被看得很重。

米：古代并不如此重视贞洁，但中世纪把它抬到了神坛。教会认为结婚是正常的，圣保罗也认可了已婚的夫妇能在上帝面前得到救赎。生长繁衍是神的旨意。但真正将一生奉献给上帝的人，应保持独身和贞洁。教会圣师将性等同于恶，将女性视作危险的诱惑。圣母玛利亚是无与伦比的榜样，以处子之身生下了基督。集处女和母亲的身份为一体,就像给女人下的诅咒。为了仿效圣母，许多女性皈依宗教。其他注定只能结婚的女人,视守身为暂时但重要的状态。在中世纪,处女之身得到高度重视,甚至能显现神迹。圣女贞德就是处女，所以她才能听到上帝的声音，才能拯救法国。

妮：贞德既是圣女也是战士，她改变了女人传统的命运……对男人和女人都强调贞洁，几乎可以算得上是一种平等了。

米：大致可以这么看……但对独身的重视只是一种罕见的现象。换句话说，男人和女人都必须结婚。没有丈夫、没有性生活、没有生育过的女人是难以想象的。

修道院

妮：对于选择隐世的女性来说，修道院是一个怎样的地方呢？是一个可以静心学习、提升自我、逃避生育的地方，还是一个关住不听话的女孩儿的监狱呢？

米：直到“一战”前，修道院一直是一个模糊不清的地方。现在，进入修道院的女孩子都是被选进去的，但过去主要有这么三种情况。首先是被认定无法结婚的女孩儿，她们的家人会把她们送去修道院。在贵族中，是难以安排联姻的女性。在农民中，是因体虚或跛足而无法工作和生育的女孩儿。还有一种正好相反的情况，不愿违背自身的意愿而结婚，自愿皈依宗教的女性。她们大部分都是处女，这也是追求圣洁的必要条件，但也有寡妇。在这两种情况之外，还有很多被迫进去的女性，最后只能既来之，则安之。

妮：一个学习、修行的地方，但也是权力相争的地方？

米：教会在耶稣之后逐渐变得大男子主义，修道院中的女性没有任何权力。修女会都要由男性主管。而且，大部分修女会都是仿照男性修道院建立的。由女性创立的机构，比如专门从事教学的圣于尔絮勒会，也要由主教掌管。在修女院中，有些级别高的修女拥有很大的权力，能将神修导师置于自己的掌控之下。修道院远非乐园，既有修女之间的斗争，又有神父和大修女之间的权力游戏。有些大修女甚至想越过主教直接和罗马联系，但教皇也是一个男人啊！12世纪初，罗伯特·达尔毕塞勒对修道院的改革起到了重要作用。他希望女性能担任同等的职位，这也是他在丰泰夫罗修道院所践行的。同样，圣方济各的同伴圣克莱尔，建立了属方济各会分支的圣克莱尔修女会。但是，从来没有出现过一个独立于男权的女修道院。

妮：圣女在修道院里或修道院外有一定影响力吗？

米：有些圣女通过她们写的书，还有建立的修女院，对追随她们的修女产生了很大影响。这种影响甚至还走出了修女院的墙外。比如圣女大德兰，她的著作被广泛阅读，她的信徒，包括主教在内，为了见她远道而来。圣十字若望对她更是赞赏有加。24 岁就离世的圣女小德兰引发了一股热潮，她写的《灵心小史》成为畅销书。

妮：但有时对她们也会质疑……

米：是的，教会敬重圣女，但不会完全信任她们。这些自称与上帝有直接联系的女性，在对《圣经》的解读上被教会视为神父的对手。圣女大德兰就对当时的教会持批判的态度。而且，教会对她们的"疯癫"、癔症和厌食症也不认同。许多奉行神秘主义的修女终日隐匿于修道院内，每日静思、祈祷、苦修、断食。圣女加大利纳就是厌食症的鼻祖。19 世纪的圣女小德兰也拒绝进食，只有当周围人哀求，她才会进食。所以，我们并不知道她到底是死于肺结核，还是厌食症。"厌食症"这个词直到 19 世纪才出现，当时认为这是一个多发于年轻女性中的生理问题。直到两次世界大战期间，厌食症才被认定为是一种精神障碍。

拒绝被进入

妮：厌食症由来已久。她们是想通过这种极端的方法，否认自己的女性特质吗？

米：很难知道她们真正想要什么。也许是觉得自己的身体不够纯洁……社会普遍都认为女性在月经期是不洁的，因为遭到不洁之物的玷污，所以要远离她们。女性的经血虽与生命息息相关，却是不洁之物。而男性在战场流的血，就是光荣之血。母亲很难向女儿开口，因为这被认为是羞于启齿的秘密，不能谈论它，但还要想办法应对。有些奉行神秘主义的修女，为了皈依上帝和清除不洁而折磨自己的身体是完全有可能的。拒绝进食，月经就停止了。

妮：但几个世纪以来，并不是只有经历宗教危机的修女患上了厌食症……

米：19 世纪，医生开始对厌食症进行记录，发现了数量众多的案例。多数病患是被迫结婚的女性。这种情况让我们不禁猜想，厌食症从中世纪的修女开始应该就从未间断过。除了被认为月经不洁之外，这些女性还陷入了一种矛盾的境地：一方面，贞洁被视作重中之重；另一方面，她们又被告知“结婚是你唯一的命”“婚后，男人就有权进入你的身体”。只要丈夫想，就让他进入自己，这是作为妻子的义务。她们厌食，她们拒绝成为任人摆布的身体。让身体挨饿，让自己变瘦，失去吸引力，无法生育，这样就能摆脱命运。她们不愿意自己的身体只是一个生育的身体。教会十分警惕这种形式的神秘主义，因为它有可能走向极端，演变为自杀。

妮：教会虽然质疑修女，但还是会给她们封圣。但教会对女巫的态度就截然不同了，虽然女巫也有神秘的能力。

米：有时候，两者之间的边界很微妙。比如卢丹的神父“附魔”案。事情发生在1632年，圣于尔絮勒会的修女们控告名叫于尔班·格兰第的天主教神父与她们发生性关系，导致她们被魔鬼附身。神父被活活烧死，“被附身”的修女集体驱魔。但那些“实打实”的女巫，是自愿与魔鬼做交易的人，就没落得什么好下场了。要找她们犯错的证据，只要在她们的脖子上绑一块大石头，再把她们扔进河里就行了。如果她们被淹死，说明她们可能是无辜的；如果没有淹死，就说明和魔鬼做了交易，将受到火刑。因为不能让她们的身体留下一丁点儿痕迹。在

16、17 世纪，成千上万的妇女被烧死，特别是在英国、法国、德国、波希米亚和波兰。巫术似乎与文艺复兴时期兴起的科学精神水火不能相容。

灵修导师

妮：在各个领域，女性都败下阵来。看看这些试图发声的女人们都是什么下场。无论是修女、女巫，还是未婚或已婚的女性，她们都与教会的男权发生了冲突。

米：是的，教会是一个绝对的男权统治机构。神父组织圣礼、庆祝弥撒、主持圣体圣事，听从忏悔、指导信仰。灵修导师既出现在修女院中，也出现在普通女性的日常生活中。他通过告解圣事，对女性的思想和行为施加影响。教会通过灵修导师控制教徒，这种控制在 17 世纪的反宗教改革中得到进一步强化。有些人对这种控制感到担忧——看看莫里哀的《伪君子》就能明白。更靠近新教的冉森派主张要与灵修导师沟通。到了路易十四时期，作为反宗教改革的领导者，他容不得丝毫纷争，于是流放了罗亚尔港冉森派女修道院里的修女。法国大革命之后，教会又强调灵修导师对女性的影响。到了 19 世纪，儒勒·米什莱等共和党人开始质疑神父通过女性探听家庭事务的举动。

妮：在新教中呢？因为没有天主教那样的神父，所以也没有灵修导师吗？

米：路德保留了祭司这一圣职，但是加尔文将之废除。根据加尔文的观点，基督并不临在于圣体圣事中，因而也不需要神父。但新教中的牧师还是男性，加尔文和路德对婚姻和私人生活的看法还是具有极强的父权意识。不过，新教算是给了女性一定的喘息空间。

妮：她们开始学习阅读和写作了。她们也有发言权吗？

米：发言权依然只属于男性，但新教打开了一个小口。在回归虔敬的大觉醒运动中，女性都会表达自己。对于新教徒而言，让女性发言可不是什么异端邪说，而是一种有益的宽容。我们可以在德国的虔敬派教徒，英国的清教徒、卫理公会教徒，以及长老会信徒中或多或少看到这些迹象。英美的女性传教士有时能召集上万的教徒。虽然这些运动在新教中处于边缘地位，但确实存在。天主教教会在这方面也很矛盾：教会仍然保持对女性的绝对控制，但允许她们在修道院阅读和写作。女性并不是完全被动的。即便在男权至上的中世纪，在教会的监管下，女性也能获得一些自由、教育、权力、乐趣和向往（尽管是对上帝的向往）。修女建立了一些专门教育女孩儿的修会。圣于尔絮勒会修女在大革命之前就有很大的影响力，在大革命后迅速恢复元气。她们在 19 世纪创立并发展了各种负责教育女性的修会。意识到女性在家庭中的重要性后，教会也开始关注女性的学习问题，并依据阶层进行了划分：贵族小姐跟着家庭教师学习，资产阶级的女孩儿可以去小型寄宿学校（就像包法利夫人），普通平民的孩子可以去修道院的缝纫工厂。

剩 女

妮：除了教学外，修女可以通过照顾穷人取得一定的社会权利吗？

米：做这些事儿的更多是没有隐居在修道院的修女。她们探望病人，照顾穷人，在医院陪伴临终的人。这些女士确实拥有了一定社会权利和见识。如果她们认真在做这件事（也有人觉得无聊，从不愿意踏上穷人家里摇晃的楼梯），慢慢就会掌握一种“穷人的智慧”。到了19世纪，她们提供免费的汤，促进了慈善事业的发展。工业家的妻子还会提醒丈夫关心工人的难处。

妮：简而言之，她们是提前在做社会援助。

米：没错。从她们做的事里面，能看到医学、社会权益、心理学的萌芽。她们还成立慈善机构、组织慈善义卖，规模还不小。女性就这样参与到经济生活中。19世纪，新教中出现了一支规模日益壮大的“救世军”。创始人威廉·布斯和他的妻子有很多女儿，很快这些女性就掌握了权力。救世军模仿军队建制，所以就有许多“女指挥官”和“女上校”，她们不断招募女性加入。所有女性都穿着制服。

妮：星星之火，可以燎原。一旦给女性一片小天地，她们就会迅速发展壮大。

米：是的。宗教对此的作用是不能忽视的。我并不是想赞扬男权主导的天主教教会。但社会生活并无进展，而女性确实在宗教生活中获得了一定权力。但她们还是处在男人的保护之下，不管是父亲、丈夫，还是教士……一个独身的女人，被认为是一个危险的女人。

妮：那些既没有结婚也没有进入修道院的女人会怎么样？

米：这种情况不多，一般来说，她们还会留在原生家庭。就像一个坏脾气的姨妈或者巴尔扎克笔下的贝姨。一个找不到男人、没人要的女人被认为是不正常的。当然，也有一些不是没人要，而是拒绝结婚的女性。到 19 世纪末，拒绝结婚的女性人数大幅增长，同时女性受教育的人数也在增加。她们从此进入了工作市场，成为家庭女教师。在英国，她们被叫作"blue stockings"，指的是被嘲讽的女才子。她们还有一个称呼"redundant women"（剩女）。一个不受男人掌控的女人令社会担忧，因为这不符合社会标准。小说中出现的家庭女教师经常被描绘成情妇，而且有点儿不太正常。

强 奸

妮：不属于男人的女人被视作一个危险，而她们也面临着危险。

米：是的，一直以来都存在的危险，就是强奸。我们完全可以认为是一直存在的。在我们知之甚少的古代，女性从童年直接就迈入了成年。她们可能在发育前就已经出嫁了。在中世纪，教会认定强奸是一种罪，骑士有责任保护寡妇、孤儿和处于危险中的少女。但那时的道德风尚截然不同。男生很早就从强奸中认识到男性的优越感，尤其是集体性的强奸，被当作团体性的成就。因为是一起完成的，所以能团结集体。许多年轻男子横行在乡村和城堡间，还相互比较战绩。强迫一个女生，尤其是处女，和自己发生关系但又不和她结婚，对他们来说意味着成功。女生必须防卫，保护贞洁，而男性会像攻下堡垒一样征服她。攻占女生，等于攻占堡垒、城市，这是男人的一场仪式、一场战争。

妮：被强奸的女孩儿可以发声吗？

米：没能保护自己的女生通常会被认为是她们自己的责任。人们甚至认为女生默许了此事的发生。“她就是想要这样。”她就不该出现在那个地方，不然被强奸也是正常的。村子里的人都知道她已被羞辱。失身的女人不能再结婚了。除了去城里当妓女外，别无出路。

妮：那社会从何时开始谴责强奸了呢？

米：19世纪出现了几起诉讼案，但也只有集体性的犯罪得到了惩治。因为他们认为，面对多个男性，一个女生确实无法反抗。但如果是和一个男人单独在一起，他们会认为女生并没有真正抵抗。有时候，女生的父母愿意相信女儿，想要讨个公道，但没人在意他们。强奸犯声称是女生“撩拨”在先，而人们总是更愿意相信一个男人的话（除非此人声誉极差）。这也是诉讼案如此之少的原因。报案的女生不得不接受检查，过程本身就非常痛苦。所以大多数情况下，她们会保持沉默，唯一希望的是不要怀孕。乔治·维加埃罗认为，只有牵扯到怀孕，情况才会发生真正的转变。[①]

① 乔治·维加埃罗，《性侵犯的历史》，巴黎，瑟伊出版社，1998年。

妮：强奸可一直是作为“战争的武器”而存在的。

米：是的，强奸是武力征服的一部分。获胜的一方可以随意处置败方的所有居民，尤其是女人的身体。而军官们默许下面的人这样做。没有什么比内战更糟糕的了。村庄一旦被占领，女人就会被外来者强奸；要是村子重新被夺回，村子里的男人又会谴责女人被外人占有了。在所有战争中，女人都要面对这种恐怖的情况。很多人为此自杀，也有很多人保持沉默。

妮：战争之外，她们对性骚扰也会保持沉默，而这最后经常会导致强奸的发生。

米：过去，性骚扰被称为“初夜权”，是属于封建领主的特权。但历史学家们认为这从未被认为是“权利”。教会也从未对此表示过认可。

妮：可实际情况呢？

米：实际上，领主是所辖领地内居民的主人。领主对领地内的一切都有处置权，自然包括对女人身体的处置权。在城堡中，女人们的屋子总是向外大开的。这种情况下，强奸、性骚扰时有发生。对于生活条件更差的女性来说，这种情况在工作场所也会发生。领主认为自己有权骚扰女佣，农场主则对女仆纠缠不休，若是不服从就采取威胁的手段。而女主人有时会变成同谋。与其去可能染上病的妓院，她们更愿意纵容自己的儿子去碰从乡下来的小女佣。女人很难反抗男人的意志，保护自己的身体不受侵犯，而男人觉得这是他们应有的权利。

妮：那女孩子们可以做什么呢？

米：她们想方设法寻求保护……逃到修道院里，避开过于暴力与不堪的性侵扰，把教会当作挡箭牌。面对男人强大的体魄和欲望，女人掌控自己身体的意愿处于持续且不平等的斗争之中。

妮：越接近现代，性骚扰问题越来越多地出现在工厂、商场和办公室。

米：是的。工头或者说流水线组长认为这是正常的，认为她们就该经历这些。甚至很多女孩子自己也是这么想的："必须经历这一切。"但反抗的女性越来越多。工会中的工人也拒绝承认工头们有所谓的"初夜权"。1905 年，利摩日发生了这样一起案件，引发了一场大型罢工。乔治·埃马纽埃尔·克朗西耶的小说《黑面包》就取材于这一事件。一家陶瓷厂的副厂长行使了他一贯的"权利"，但一个女生起诉了他，工人们也奋起反抗。到了后来，工人们忘记了罢工的出发点是反对性骚扰，最终演变成了为工资而进行的罢工。

"我就是乐意挨打"

妮：对于那些独身或反抗的女性来说，她们一直要面对被强奸、被殴打，甚至被杀害的威胁。

米：不光是单身的女性，已经结婚的女性也会面对这些威胁。在这种情况下，丈夫就是施暴者。男人打自己的妻子，竟被认为天经地义！在中世纪，打妻子是男人应有的权利。女人被等同于孩子或动物，反正不是一个有理性的人！而后,《民法典》明确规定了男人拥有作为父亲和丈夫的这项权利。男人拥有权威，可以全权负责妻子和孩子。如果妻子反抗，他就可以殴打妻子。只要别做得太离谱，大众在道德上也能接受这种行为。尤其是在平民的街区里，人们容忍暴力的发生。那里的房子小、隔音差，经常能听到有人说："啊，那个谁，他打了他老婆。" 丈夫外出喝酒，回到家里，总是要动手。在资产阶级社会，这种事情也比我们想象中更常见。莫里哀有一句经典的台词："我就是乐意挨打！"[①] 人们愿意相信，妻子是在用这种方式维护丈夫的男子气概。如果丈夫没有权威，如果他不维护自己的荣誉，可不是一件好事。而妻子会为夫妻关系辩护道："这是我们的事，你们别管！"

① 出自莫里哀的喜剧《屈打成医》。——编者注

妮：她们甚至会去阻拦那些试图维护她们的人吗？

米：是的，有些妻子表现出了极度的顺从。当然，认为丈夫的行为过分的观点并不被大众接受，但如果不这样做就没有人会支持她们了。很少一部分妻子会起诉她们的丈夫。从 18 世纪开始，这种情况更加频繁出现。虽然那时还不能离婚，但女性可以以“遭到虐待”为由向法官申请分居。慢慢地，情况发生了变化，人们意识到妻子有不被打的权利，至少不能被打得太过分吧！但距离女性组织起来集体反抗暴力还尚需时日。即使是在女性主义者中，反抗暴力也很少成为其首要的诉求。今天，在所有的强暴事件中，大概只有 5% 被立案。大多数人都习惯对此保持沉默，更何况是发生在亲密关系中的各种暴力。这几年的调查显示，许多女性仍旧是强奸、殴打和性骚扰的受害者。

妮：“婚内强奸”还是个很新鲜的概念。

米：出现不过二十多年。放在过去，这是不可想象的。那时夫妻之间只有义务。从结婚那一刻起，妻子就有满足丈夫性需求的义务。拒绝这个要求就是不合法的。

妮：过去还为“激情犯罪”开脱……

米：原则上来讲，激情犯罪应受到法律的制裁。但从当时的社会道德层面上看，激情犯罪是正当的，几乎等同于荣誉犯罪。一个男人因妻子出轨而痛下狠手，在大多数情况下都可以被无罪释放。法国直到 1875 年才出现了不同的声音。法院到那时才开始认为激情犯罪应承担法律责任，但同时又找各种理由为男人开脱。那时已经有几例判决。但小仲马还写文章声援“维护荣誉”的男人们。直到 19 世纪末，整个西方世界都对男人犯下的这种激情犯罪抱有极大的宽容。

“迷失的少女”

妮：婚姻中有夫妻义务、殴打，甚至杀人，怪不得她们都逃避结婚了。但那些没有嫁出去的女生，或者那些“被玷污”的女生，很有可能会沦入风尘。

米：是的。大多数妓女都命途多舛。要么是被强暴了，要么是被家庭抛弃了，要么因为贫困走投无路了……尽管社会情况有所不同，但几乎每个时代和每种文化中都存在卖淫。弗朗索瓦丝·埃希提耶曾提到过，古希腊的交际花还有着较高的社会地位。古罗马也是一样。按照那时的社会标准，为丈夫生过三个孩子的妻子可以拒绝性生活。而这也是大多数妻子的选择，说明她们认为性生活并不幸福。此后，妻子常年隐居在寓所中，而她的丈夫则在妓院与妓女相会。他也可以把妓女领到家里来，而妻子必须容忍。到了中世纪，妓女的身份开始受人鄙视。教会在谴责这些“迷失的少女”的同时，又默默允许卖淫活动。总而言之，这是一种“必要的恶”。教会的宽容还是建立在认为男性的性需求是正当且不可抑制的观念之上。妓女能安慰受挫的丈夫，启蒙年轻的男生。妓院一般都在郊区或市中心名声较差的街上。在 19 世纪，出于卫生和健康的原因，这些隐秘的交易开始受到国家的监管。最先是在英国，之后便到了法国。1836 年，帕朗 - 杜夏特莱医生写了关于卖淫的第一篇社会学调查著作《论巴黎之卖淫》。由于他是一位医生，该书反映出了那个时代的医学和卫生状况。杜夏特莱医生还在书中尝试利用现代的研究手段,他采用了统计学方法,并且采访了许多女性。与她们见面一点儿也不轻松，他每次去都有一名警察陪同，导致对话受到了轻微打扰。但不管怎样，他想要倾听并理解她们。

妮：他如何看待这些女性呢？

米：他并没有一味谴责她们。按照他的原话，这些“可怜的妇女”别无选择，他非常同情她们。他对这些女性表现出了真正的理解。他告诉我们,她们在“工作”中体验不到任何乐趣。要是想体验性的乐趣，她们宁愿选择和女性发生关系。杜夏特莱还说，有些人还会自愿生下孩子并照顾孩子。还有一些人只从事一段时间的卖淫，她们会说:“存够钱之后，我就要嫁人了。”

妮：但这有可能实现吗？

米：比想象中更容易。社会对她们的谴责并非如此强烈。结婚后，曾经的妓女就能像其他女人一样成为“老实的妻子”。杜夏特莱既揭开了妓女们神秘的面纱，也公布了她们的人数。据统计，1835 年巴黎共有 1.2 万个妓女，而当时巴黎的人口只有 80 万。继杜夏特莱医生的研究之后，国家决定对卖淫产业进行监管。只有获得警察局许可的负责人（经常是受到尊敬的、有一定年纪的妓女）才能经营妓院。她们要争取获得“良好的声誉”，管理手下的妓女，为她们在警局备案，而且定期去医院做检查。巴黎的圣拉扎尔医院同时也是妓女的监狱。

妮：“备案”就类似于工作许可证明。所以受到监管的妓女也就意味着是合法的了吗？

米：确实如此。有些妓女是“好”的妓女，意味着她们是专业的、受到监管的，不会传播梅毒，甚至会给男人提供避孕和卫生方面的建议。还有一些地下的妓女，她们不服从命令又很危险，在街边揽客，出入不正规的小旅馆。警察不会对她们表现出恻隐之心。这一切都是为了卖淫行业的正规化。

“约会之家”

妮：从地下贫穷的妓女到被人包养的妓女，卖淫行业原来也分三六九等。

米：差距非常大，尤其是从广义的卖淫上看，即指没有婚姻关系,靠出卖身体获取金钱或好处的行为。随着城市化的发展，社会逐渐变得复杂，卖淫渗透至各个阶层，导致阶层的差异更加明显。在19世纪的巴黎，从乡下进城的农民，他们没什么钱，只能找“低端”妓女，而且总是会找老熟人。但他们还是会回老家娶一个“纯洁的少女”，坚决不会在巴黎这个“罪恶之都”结婚！资产阶级的男人抱怨无法在家中获得足够激情的性体验，于是经常光顾“约会之家”。在巴黎之外的其他城市都会有一个高档的妓院，就像莫泊桑在短篇小说《戴丽叶春楼》中描绘的那样。常客们漫步在诺曼底海岸边，却发现妓院因领圣体而暂停营业了。因为其中一个妓女的侄女要初领圣体，所以她们关门歇业，都去村里参加仪式了。

妮：“约会之家”的环境和氛围会比普通妓院好吗？

米：是的。那里都是高级妓女的私人小套房。她们会接待一些男人，但数量远比普通妓女接待的少。主要的不同就是时间。她们会花很长时间打扮、聊天。在那里能获得比普通妓院的过场更细致高雅的体验。有几位半上流社会女性，比如丽安娜·德·普姬和克莱奥·德·梅罗德，具有很大的名声和影响力，甚至成为向往自由的女性的楷模。在科莱特的自传中，她讲述了自己对克莱奥·德·梅罗德的崇拜……

妮：我们在普鲁斯特的书中也能读到这些。

米：在《斯万之恋》中，花花公子夏尔·斯万爱上了曾为演员的奥黛特·德·凯西。当斯万前去找她时，会用“摆弄卡特来兰花”的表述替代“做爱”（卡特来兰花是奥黛特戴在胸前的花，他在每次做爱前都会先请求让他整理花）。但总有很多男人出入奥黛特的家，斯万也非常清楚这一点，他为此受尽了折磨。为了能独自拥有奥黛特，斯万最终娶了她……而此时，他对她已经没有了爱情。

妮：在维多利亚时代，男女之间的关系竟然会如此压抑，甚至令人焦虑。

米：是的，我可以举一个例子。弗兰兹·卡夫卡谈到过很多吸引他的年轻女孩儿。他把她们看作纯洁和美丽的象征。他想接近她们，想认识一个年轻女孩儿，并出于爱情而结婚。但他认为这只是一个无法实现的想法。于是，卡夫卡去了妓院并与妓女发生性关系。他对这些女性毫无尊重，反而觉得面对她们更轻松自在。

可怜的“小老鼠”

妮：19 世纪的人如此做法，是不是有点儿矛盾……

米：一方面，少女和深居闺阁的妻子十分拘谨，在她们面前男人几乎什么也不说；另一方面，半上流社会的女人对性关系非常开放和自由，对身体的裸露也毫不在意，而男人们频繁光顾她们。有些妓女说笑道，当情人一来，她们立马就位，岔开双腿搭在椅子上，然后就可以去忙别的事了。女演员、女舞者和女歌手就生活在这样一个世界里。尤其是演员圈子里的女人，也分三六九等。可能会有好多个绅士围着一个著名女演员献殷勤。对于这世上的男人而言，能够吸引玛丽·多尔瓦尔、波琳娜·维亚尔多或莎拉·伯恩哈特的关注，就可谓是登上人生巅峰了。尤其是莎拉·伯恩哈特，出身卑微，却让所有男人都拜倒在她的石榴裙下。她带着一种复仇精神凌驾于男人之上。她不是女权主义者，但拒绝受到任何人的压制。

妮：那歌剧院里的女舞者呢？

米：歌剧院里的小女孩儿，又称“小老鼠”，都出身于普通人家，她们的母亲希望她们能有不一样的人生和事业。一进入剧院，她们就被交到一位“歌剧院妈妈”或“歌剧院爸爸”的手里。这些人算是负责给她们寻找有钱的保护者的中间人。有钱的保护者会给女孩儿和她的家庭钱，也会给中间人钱。一旦女孩儿到了生育年龄，她就必须去保护人那里。除非成名，不然她永远逃不出这个圈子。有些艺人依靠自己的天赋，努力摆脱了这种依赖关系，为自己争取到更多选择的自由。最先运用脚尖跳舞的女舞者玛丽·塔里奥妮，以及其他伟大的女舞者，没有接纳任何男人。

妮：男性幻想着妓女是幸运的，她们可以掌控自己的命运并能在卖淫中获得快乐。那女性是否对妓女表过态呢?

米：除了女性主义者之外，我们几乎没有找到女性对卖淫的看法。女性主义者会把妓女视作“姐妹”:“妓女是我们的姐妹，是和我们一样的受害者。”还有一些人的观点更激进:“结婚和卖淫，其实都是一回事。”还有一些人认为卖淫就是奴役，逼良为娼是必须废除的罪恶。19 世纪末，一个名叫约瑟芬·巴特勒的英国女人发起了一场贞洁运动。当女性知道这个或那个有名的男人出入妓院时,就会采取惩罚性的措施,揭露他们。1885 年,约瑟芬·巴特勒在伦敦聚集了数千名抗议的女性,她们以“贞洁”为名，要求惩治皮条客，而不是妓女。这在当时是一个重要的新主张，但没有引起多大的社会反响。法国直到 1946 年一部法律的出台才关闭了所有妓院。这一举动背后蕴含着一条信息:“在一个被解放的法国，女人是被解放的，买卖女人的身体是无法被容忍的。”但卖淫依然存在，情况还因移民更加恶化。在规范化和非法之间，关于卖淫的辩论还远未结束。

萨福[1]的庇护

妮：有些女性既没有进入修道院，也没有被迫卖淫，可能会走上另外一条道：同性恋。可以想象得出来，这在当时会引起多大的丑闻……

米：不同的时代有不同的看法，但社会总体对男同性恋和女同性恋之间的看法存在很大的差异。总体而言，社会更排斥男同性恋。虽然古希腊社会能接受，但教会明确谴责，认为这是精子的浪费和生育力的丧失。社会对女同性恋的看法更温和，认为女性还是处于等待中。年轻的女性之间互相爱抚，总好过与男性过早发生性关系，至少不会损害她们的贞洁。

① 萨福（约公元前630年—约公元前560年），古希腊著名的女抒情诗人。——译者注

妮：如果她们公开呢？

米：那就是另外一回事了！不能再假装视而不见，采取容忍的态度了。“公开”是一些女性，尤其是女艺术家的诉求表达。19 世纪，作为双性恋的乔治·桑，在她的小说《莱莉亚》的第一版中，可以看到她对女同性恋的捍卫。进入 20 世纪后，英国的女性知识分子认为同性之爱完全能够与异性之爱相容。比如弗吉尼亚·伍尔夫、薇塔·萨克维尔·韦斯特、维欧里特·特雷弗西斯和她们的女性朋友。在法国，娜塔莉·克利福德·巴尼的沙龙中汇聚了来自世界各地的作家和艺术家。巴尼的爱人热内·薇薇安是一位才华横溢的女诗人，打扮入时，在新艺术领域充满奇思妙想。“女同性恋”也是科莱特和露西·德拉胥-马尔德吕斯小说中重要的主题。科莱特的第一任丈夫威利，以及露西的丈夫马尔德吕斯在这方面非常宽容，而且他们还是妻子们的文学经纪人！20 世纪 20 年代的巴黎涌现出许多为女同性恋争取尊重的尝试。她们会在某些特定的场所碰面，比如格特鲁德·斯泰因位于弗勒吕斯街上的公寓，以及位于奥岱翁街上的阿德里安娜·莫尼耶和西尔维娅·毕奇书店。

妮：对于这些女性来说，选择和同性相爱，是不是也意味着追求自由和创新？

米：没错，在维多利亚时代的英国，女性文化和女同性恋慢慢在中学和大学中发展起来。在牛津和剑桥周边，女性也建立了类似的寄宿制大学，允许女性在此学习和居住。她们已经不是青少年了，而是成年的年轻女性。她们能在此体验到自由快乐的同性之爱。从 19 世纪末到第二次世界大战，欧洲逐渐接纳同性恋，不管是男同性恋还是女同性恋。德国作家托马斯·曼的孩子就几乎都是同性恋。他们中有些人在罗斯布兰奇剧院工作。这个剧院既是抵抗纳粹的一个重要中心，又是同性恋者的一个据点。

艺 术

妮：艺术与文学有时也能成为女性的避难所。但这绝非易事，因为社会很难认为女性能成为创造者。女性更多情况下被当作物品和男性的幻想……

米：很长时间以来，女性都活在男性的目光中。出现在古希腊的壁画和器皿上的女性都是由男性绘制的。到了中世纪，宗教艺术反映的是男性教士的视角。但也有一种表现日常生活的民间艺术，一般都出现在墙壁上的小画中。在这些画中，我们可以看到男人女人在田间收割和杀猪。女人在厨房、洗衣池和商店里。这些画似乎更接近现实。

妮：当艺术朝着色情的方向发展时，女性并没有逃脱被物化的命运吧？

米：还是由男性描绘女性，但女性就是完全被动的吗？也不尽然。在文艺复兴时期，世俗的眼光更加开放，女性甚至出现在几幅宗教画中。当卢卡斯·克拉纳赫描绘夏娃美丽的裸体时，这其中包含着一种占有，但也有对女性身体的赞美。谁知道呢？或许女性观画者看到能从衣服的束缚中解脱出来的夏娃也很开心呢？ 16 世纪末，枫丹白露画派也热衷于描绘女性的裸体。我们能看到沐浴中的女人和胸部裸露的美人阿涅丝·索雷尔。画家是以描绘这些女性为乐吗？还是他在如实描绘看到的景象呢？那个时代确实相对开放，尤其是在贵族之中。又或者画家是在取悦和吸引女性吗？我们只能对着这些晦涩难懂的画提出这些猜想。

妮：女画家们是从何时起开始描绘女性眼中的女性和世界呢？

米：从文艺复兴开始。尽管困难重重，但女性成功地来到了画架前。我们所知的最早几位女性画家来自意大利，比如阿特米谢·简特内斯基，她很早就显露了绘画的天赋，从小受到父亲的培训，但也经历了重重磨难才成为一名画家。在威尼斯的学院美术馆中，我们能看到由一位女画家创作的风格独特的自画像。在 18 世纪末的法国，女性开始在画家大卫的工作室工作。她们主要负责在卢浮宫的画廊中进行临摹。随后，大卫的学生们也开了自己的画室。维吉·勒布伦女士因给王室成员，尤其是给法国王后玛丽·安托瓦内特画了众多画像，而非常出名。女性就这样慢慢在绘画艺术中占据了一席之地，她们的脚步从未停止：贝尔特·莫里索、玛丽·卡萨特、玛丽·洛朗桑、索尼娅·德劳内……2009 年至 2010 年，蓬皮杜中心以“她”为主题展出了几百幅 20 世纪女性艺术家的作品，展现了女性多样的天赋。

妮：她们都成功地在自己的作品上署名了吗？

米：后来的几位都成功了，但对大多数女性画家来说确实还很难做到这一点。画画和音乐都被认为是家庭内部的消遣性艺术。女孩子会画一些素描就很不错了，然后她们可以画画自己的孩子，把画当作小礼物送人。但是不可能让她们在公共场合抛头露面，或进入学校（1900 年之前，美术学院都不对女性开放）和参加沙龙。从 18 世纪末开始，参加沙龙就意味着艺术家获得了认可。要想成名，作品就要让公众和地位越来越重要的批评家看到。狄德罗、巴尔扎克、波德莱尔……都相继加入了沙龙。但让一个女性加入？听起来十分荒诞。沙龙的成员都是男性，他们总觉得女性的画作矫揉造作。玛丽·巴什基尔采夫在朱利安美术学院的老师口中唯一得到的一句赞美就是：“这是一件男性化的作品！”

妮：真正的艺术被认为是"男性化"的，所以创作属于男性，是有性别之分的。

米：是的。创作，是广义上的动作本身，是上帝。在世上创造任何新的事物都是神圣的。在最开始，只有上帝才是创造者。他也只会把他的能力交给世界上最高贵的生灵——男人。自古以来，哲学书都肯定女人无法创造，女人不具备这种能力。她们只能模仿、复述、解释……翻译被认为是非常适合女性做的一项工作。把男性的思想从一种语言翻译成另一种语言，再适合她们不过了。但让她们自己写作，就是另外一回事了。绘画就更难了。至于音乐，那可是众神的语言。女人在自家客厅里弹弹钢琴，或能为丈夫伴奏就足够了。在都从事艺术的夫妻中，这种倾向会表现得更明显。马勒结婚前曾给未婚妻阿尔玛（也是一位优秀的艺术家）写信，希望她能放弃作曲。她后来确实放弃了，但我们也知道他们的婚姻并不幸福。舒曼的妻子克拉拉·舒曼也遇到了同样的事情。她非常有才华，但舒曼认为，如果她继续作曲，他们将处于永远的竞争关系中，不利于维护夫妻关系。对舒曼来说，事情很简单：如果妻子爱他，她就必须放弃创作。

专属男人的写作

妮：所以一个创作的男人拥有了一切：事业、荣耀、家庭、妻子（通常还不止一个）和孩子……

米：一个男性创作者傲视所有女人，更能增添他的魅力。维克多·雨果就是个完美的例子。他记录下被征服的女性，还要求她的情妇朱丽叶·德鲁埃放弃演员的工作。她对雨果的崇拜近乎宗教般虔诚。

妮：对于女性来说，艺术与爱情不可兼得？

米：斯达尔夫人曾写过这样一句话："名望是对快乐的华丽哀悼。"在《柯丽娜》中，她呈现了一个女性创作者无法获得爱情的恋爱悲剧。斯达尔夫人一生中爱慕过很多男性，其中本杰明·康斯坦特是她的挚爱，但她从不愿为了爱情牺牲她的文学事业。在创作领域，写作被认为是女性最容易接触的。

妮：其实从女性学会阅读和写作的那一刻起，就很难禁止她们开始创作了。

米：写作只需要一张桌子，条件更好的话，一间属于自己的房间。如果她们只是写日记或者每天花费有限的时间来写作，这都没问题。但如果她们想出版书，进入公众领域，那就是另外一回事了。文学的大门不会向她们敞开。接近音乐的诗歌被认为是属于男性的艺术。女性只适合哀歌，这种主题哀伤的文学类型更容易驾驭。

妮：还是偏向情绪化的……

米："真正"的诗歌，是维克多·雨果的《世纪传说》，是史诗般的、抒情的、直面历史的风格。女诗人玛瑟琳·代博尔德－瓦尔莫曾写道："我知道，女人不应该写诗，但我写了。"女性也难进入戏剧创作领域，因为这是一门公共艺术。很少有女性的戏剧能成功上演，但乔治·桑做到了。一般而言，女性写小说还是能在一定程度上得到肯定的。在那些女性几乎无法发声的时代，一些女作家留下了重要的作品。比如克里斯蒂娜·德·皮桑、塞维涅夫人、拉法耶特夫人……虽然过了很久，世人才知原来拉法耶特夫人就是《克莱芙王妃》的作者。这也反映出女性创作的艰难。19 世纪还有反女学者的运动，诋毁女性创作者。她们就只好对自己的名字保密，或者起一个男性化的笔名，比如乔治·桑、丹尼尔·斯特恩、乔治·艾略特等等。

妮：不管怎么说，19 世纪的英国女作家乔治·艾略特和勃朗特姐妹都为公众所知，她们都有自己的读者。

米：是的。英国已经出现了真正的突破。1900 年，英国女性专栏作家达到了 15% 到 20% 的比例，而在法国，这个数据小于 10%。但要知道，她们的读者受众也多是女性。新教国家的女性能更快地接触到读物，有助于英国这一女性阅读群体的形成。法国的女读者喜爱乔治·桑的《安蒂亚娜》《莱莉亚》等作品。乔治·桑的作品还成功地吸引了男性读者，跨越了性别的界限。巴尔扎克和福楼拜也都是她的读者。起初，他们与乔治·桑建立了一种特殊的关系。他们在信中称她为“亲爱的游吟诗人”“亲爱的伙伴”等男性化的称呼。乔治·桑在五十多岁时也说道：“我不再是女人了。”她有时候对男女性别的理解也很传统！福楼拜在给乔治·桑写信时毫不犹豫地说：“你属于第三性别……”

妮：所以，女性讲故事的能力得到了认可。但在发表新的思想和观点方面呢？

米：就像雕塑和音乐一样，哲学的大门从未向女性敞开。直到 20 世纪，才出现了西蒙娜·韦伊和汉娜·阿伦特这样的女性哲学家。她们也是目前为止唯一出现在哲学教科书上的两位女性哲学家（西蒙娜·波伏娃一直都未得到认可）。汉娜·阿伦特几乎是唯一一位与其他男性政治理论家平起平坐的女性哲学家。她与海德格尔的关系非常复杂，她是他的知己，也是他的学生和情人。这些女性向我们展示了她们对表达和书写的渴望（乔治·桑说她身上有一股"写作的狂热"）。但即便在今天，她们依然没有受到足够的重视。

妮：但好像文学领域一直存在一种“女性入侵”的说法……

米：真的是这样吗？看看报刊上的文学连载专栏，男性作者的数量远多于女性。是女性作者写得少，还是编辑无意识地过滤了呢？要是女性获了奖，我们会认为因为是女性所以才会获奖。要是女性开始写情色小说，我们又会想因为是女性所以才适合这类小说。而女性又必须时刻注意不要被冠上“女性作家”的帽子。女性可以写一些带有性别特色的小说，为什么不呢？但男性好像带着一种优越感，把谈论公共领域的、社会性和政治性的小说占为己有。他们建构了一个男性的领域，一个所谓的“优秀领域”。旧趋势不会轻易转变。

第三节　征战职场

可怜的贝卡西娜！

妮：现在，让我们离开家庭和私人领域，看看进入公共生活的女性。无论单身还是已婚，她们一直都在工作。但在女性的工作最终得到认可并取得应得报酬之前，她们经历了多少艰苦斗争啊！

米：一直以来，女性的工作都被当成是她们的分内之事。以前，女人在农田干农活，回家后还要做家务、做饭、照顾孩子。她们要缝纫、洗衣服、照顾家庭……在任何时代，我们都无法想象有哪个人类群体能够在没有女性工作的情况下生存下来。如果丈夫是商人或工匠，妻子就要担当助手的角色，在一旁协助。例如，在一个做裁缝生意的家庭里，男人负责设计模型和剪裁，女人负责不需要创意性的缝纫工作。这种团队合作模式延续至今：面包房老板负责烘焙，老板娘负责售卖。在这种情况下，不同于我们一直以来看到的男女关系，发生了一个关键的变化：老板娘在外面与客人沟通，而她的丈夫在屋内甚至地下室里工作。

妮：直到近代，从事商业和手工业的女性其实不被认为拥有一份真正的工作。在有行会保障各行各业利益的中世纪，情况就一直如此吗？

米：其实情况一直差不多。中世纪的行会很少会吸纳女性，女性也就逐渐被排除在外。直到 18 世纪末，行会中完全不见女性的身影。唯一的例外是寡妇。在印刷行业里——虽然这个职业看起来非常男性化，如果丈夫去世，他的遗孀便可接替这份工作。她在行会里就具有了一定的代表权。但等到她的儿子成年，她就要把工作交给儿子，有点儿类似摄政女王的角色。

妮：这些女性还属于生活比较宽裕的阶层。更贫困的女性要如何谋生呢？

米：自古以来，贫困的年轻女性都会去当女佣，这是非常适合女性的工作。最开始在农场帮工，后来随着城市化的发展，她们就进城当女佣、厨娘或包揽一切的女仆。在 1914 年之前的法国，超过半数在外工作的女性都是女佣。农场里的女工前途渺茫，她们大都不识字，一生困守在这个圈子内。城里的女佣的生活更有希望。她们有吃有住（但条件不好），挣的钱上交父母，也有些人会攒一些钱作为结婚的嫁妆。也有些幸运的女佣遇上了好主子，就时常能得到女主人的衣服，也能在一个相对舒服的环境里生活。但更多人的生活是悲惨的。因为对男主人来说，包揽一切的女仆，就意味着可以随便占有。万一有了孩子就赶出去！这是女佣生活的阴暗面。

妮：贝卡西娜就是典型的小女仆吧？

米：虽然布列塔尼人讨厌这个漫画形象，但至少她很典型。19 世纪的布列塔尼大区非常穷，男人们离开家乡去巴黎打工，在食品、化学、冶金、汽车等工厂做最廉价的劳动力。而女孩子们则被安排到资产阶级家庭当女佣。贝卡西娜这个角色最早出现在 1905 年版的《苏泽的一周》这本漫画杂志中。她有耳朵，但没有嘴，不能说话。贝卡西娜是一个天真烂漫的女孩子，没有受过教育，既听不懂文字游戏，也不能理解指令，一刻不停地犯错……现实中，父母非常担心进城打工的女儿，害怕她们怀孕。后来，布列塔尼的经济条件越来越好，父母更希望把女儿留在身边。女孩子们可以在鱼铺和罐头厂打工，总之不用离家太远。两次世界大战期间，中产阶级家庭的女主人们说道：“我们再也不能被伺候了！”

“女工人，一个大不敬的词！”

妮：工业革命时期，没有当女佣的其他女孩儿进入工厂了吗？

米：是的，在第一批工厂出现后，女人和孩子都被雇用了，而且大多是带着孩子的母亲。在前一阶段，也就是家庭工坊时期，都是以家庭为单位在一起工作。最开始是纺织业。一家之主的父亲是织布工，负责最重要和最困难的工作；母亲和孩子们是助手，给他递线并捆线。这种前工业社会促进了早婚和生育的发展，因为家庭的生产模式非常受到重视。而雇主们总是担心被骗，他们怕雇用的村民相互串通而不尽全力干活，所以更愿意把所有劳动力都聚集到工厂中，以便控制生产效率和生产时间。家庭作坊一个个关闭，家庭成员也都进了工厂。孩了一般从 8 岁开始就跟着父母做学徒。最初，作坊的织布工们都不愿意进入工厂，但由于价格越压越低，他们的商品再也卖不出去，所以他们也别无选择。

妮：保护童工的法律最早是何时出台的呢？

米：1841 年出台的法律明确规定，不能雇用 8 岁之前的儿童（说明还有年龄更小的孩子在工厂工作），以及童工每天的工作时长不能超过八小时（说明他们之前的工作时长更长）。在工作时间之外，老板应允许童工上学，或者在工厂里建立学校。1881 年，法律规定儿童在 12 岁前必须接受义务教育，但并不意味着孩子在上学的同时不能去工作。许多家庭对这项法律都很敷衍，他们不知道让孩子读书能得到什么利益，而且又非常需要孩子工作赚钱。法律无差别地对待男童和女童。所以，女孩儿很早就开始了工作，一直到嫁人为止。那个时候的结婚年龄并没有很早，因为父母想让女儿在结婚前多给他们赚点儿钱。

妮：但就像去有钱人家做女仆一样，父母们也担心女儿的贞洁会在工厂被玷污。

米：这是父母们最大的担忧，而且工厂的工作声誉很差。所以父母们希望女儿可以去女性车间工作。他们信不过那些工头，担心男女之间的关系。左拉在《萌芽》中描绘了一个混乱的矿工世界，穆凯特是一个可以对所有人岔开双腿的女孩儿。在左拉看来，这些人就如动物般野蛮。儒勒·米什莱曾写道：

"女工人，一个大不敬的词！"在他看来，工厂中的女性处于危险之中。工厂里的工作肮脏、粗俗，完全不适合女性，更不用说还存在滥交的风险了。有些信仰天主教的老板会特意将男女分开，比如男工人和女工人不走同一个门，以免下班时会碰见。在第一次世界大战期间，因为男人都上了战场，所以工厂里的女工人多过了男工人，还设立了"工厂女总监"。这些女人大部分来自天主教中产阶级家庭，她们负责监督女工人干活儿。她们还为哺乳期的女工人设立了"母婴喂养室"。

妮：尽管如此，保护妇女工作的法律更多还是与生育相关，而不是与工头的性侵犯相关。

米：没错。第一部保护女性的法律出现在 19 世纪 60 年代的英国，法国则要到更晚。以法兰西第二帝国为背景创作的《萌芽》，对当时矿工生活的描写与法律现实并不完全相符。因为书里的很多女性，比如穆凯特，在矿井里工作。但其实女性主要在地面上工作，被禁止下到矿井，因为那个"黑色地狱"对未来的母亲来说条件太艰苦了。第一部劳动法不是针对年龄，而是针对性别，所以涉及了煤矿行业。1891 年，第三共和国要求所有妇女儿童每日的工作时长都不得超过十小时。但这项法律并没有轻易被人们接受，包括很多女性在内。

妮：为什么？

米：因为很多雇主为此解雇了她们。她们说宁愿每天工作十二个小时，也不想失去工作。其实法国的劳工相关法并没有走在前列。德国在医疗保险、女性保护和安全保障方面的法律都更早。新教徒对法律的制定起到了很大作用。新教徒老板出于信仰和利益的考虑，认为不应该太过苛待工人。因而，德国、荷兰、英国这些新教徒国家，比其他国家更早地实行了保护工人的法律。因为征兵，人们开始审视年轻人（不包括女性）的身体状况。在工业区和纺织工厂里，很多工人都患瘰疬病、结核病或残疾。法国随后也关注到了这一问题，并于 1890 年设立了劳动监察员，也包括女性监察员。

妮：就像工厂女总监，这些女性监察员也有权力吗？

米：这是第一次，女工人不用受到男性的监管。这些女性监察员在努力争取女性尤其是孕妇的权益上做出了贡献。1909 年，法国开始实行产假制度（八周、无薪）。这一法律率先在国有工厂实行，比如烟草厂，这里的女性工人大约占到 80%。这里的妇女都会工作一辈子，生完孩子后会回到工作岗位，所以产假制度对于她们来说很有意义。后来产假制度推行到了所有领域，人们相比工作时长改革更容易地接受了产假制度。20 世纪初，相较于德国人口的快速增长，法国政府终于意识到法国工人阶层不佳的健康状况，开始担心下降的出生率了。

一个好家庭主妇

妮：不管是否有产假，成为工厂女工并不是她们的职业选择。如果有可能，她们不会更愿意在家里照顾家庭吗？

米：要是能离开工厂，她们会毫不犹豫地走。随着工业革命的发展，出现了家庭内外的分工。过去，夫妻都在家里一起工作。从工业革命开始，工人要在外赚钱。而照顾家人的家庭主妇几乎和领薪水的工人是同时出现的。而平民阶层并不排斥女人去工作，只要男人的工资是家庭的主要收入，能够供养妻子和孩子。如果妻子出去赚钱，也只能算是额外收入。

妮：她们是自愿去工作的吗？

米：她们也想赚点儿小钱贴补家用。她们可以做几个小时的清洁、缝纫、熨烫，或者看管孩子、运送面包。如果丈夫赚的钱够多（冶金工通常能做到），她们就会把赚的钱当作私房钱，可以贴补家里的额外开支，或作为女儿的教育费用。就算父亲努力赚钱送儿子上学，他也会认为女儿的教育是次要的。能赚钱贴补家用的女人，都会为自己感到自豪。就像她会对自己完全不用承担赚钱养家的责任而感到难过一样。一个不工作的家庭主妇会认为自己在贬值。在一切都以金钱作为衡量标准的市场上，如果一个人不能赚钱，就意味着毫无价值。

妮：相反，资产阶级家庭无法接受女性出去工作。因为这就意味着这家的男人很失败……

米：在19世纪的资产阶级社会中，女人要遵循贵族的准则："贵族生活，就是什么都不需要做的生活。"贵族不工作。资产阶级家庭中的夫妻有明确的分工：男人虽工作，但不干体力活儿，而是从商，增长资产，管理企业；妻子则不能工作。这是资产阶级的准则。但妻子必须担任好管家的角色，管理仆人，操持日常事务，照顾孩子，组织晚宴和聚会。在一些小型的工厂里，老板的妻子通常负责文书和账目工作，所以她们受过一定程度的教育。但工厂发展壮大后，丈夫就一心扑在事业上，妻子则要把心思都放在家里。这一点在北方的资产阶级家庭中表现得很明显。19 世纪上半叶，老板一家都住在厂里，既方便监工，也方便妻子处理账目。随着工厂的发展,老板会聘用一名会计师。全家就搬离工厂，住到住宅区漂亮的大房子里去。

电话女士

妮：除了去工厂做女工和在家当家庭主妇外，女性还有别的职业选择吗？

米：19 世纪以后,因服务业的兴起而出现了其他机会。首先，年轻的女性被小商店或大商场雇用为售货员。这些女士被称为“商场女士”。商场的作息和纪律都很严格，这些女士受到监视，还经常被认为作风不检点。社会对大型商场进行监管，柜台经理并不能为所欲为。创立乐蓬马歇百货公司的布西科出身于传统的天主教家庭，百货公司就设在修道院所在的街区。这个时代也是“邮政女士”的时代。她们坐在柜台后面接待顾客，所以不会受到指指点点。在农村，邮政事务员是一个热门职业，通常由政府官员的遗孀担任。随后出现了“电话女士”。人们喜欢女性的声音,但又无法亲眼看到她们,所以这份职业也很安全。

妮：人们总是有这种道德上的担忧……

米：两性之间的隔阂一直很大。面对越来越多的女性进入职场，男人担心会被女人取代。而事实上，女性并没有与男性产生竞争，反而为男性创造了升职的可能。因为职位的等级会被重新划分，而男性获得了收入更可观的职位。

妮：比如像医生和护士……

米：就是如此。护士被认为是一个只能由女人担任的职业！在英国，第一位真正的女护士是弗洛伦斯·南丁格尔。她曾与其他妇女一起在克里米亚战争（1853—1856）中照料英国士兵，并意识到了建立一支专业医疗队伍的迫切性。由于她的努力，护理不再只是一项志愿活动，而成为一项真正的职业。英国中产阶级的女孩儿们开始学习护理知识，并且获得了可观的收入。此后，盎格鲁－撒克逊世界里的护理行业开始发展起来。

妮：那法国呢？

米：法国的模式完全不同。修女一直为医院里的医生担任助手。在第三共和国时期，在布尔纳维尔医生的倡议下，这些医疗机构开始了世俗化。布尔纳维尔医生是共济会成员，激进、世俗化且非常注重卫生。他认为修女不能作为护士。但英国的护理模式对于公共援助而言又过于昂贵。于是，他向民间招募贫穷家庭出身的年轻女孩儿，对她们进行快速的在职培训，非常接近今天助理护士接受的培训。布尔纳维尔医生也招了一些布列塔尼女孩子。相比女仆她们更喜欢当护士。这些年轻的女性都是单身，吃住都在医院。由于她们的住院实习身份，她们的外出会受到监视。凭借大众化的招募方式和强调奉献与圣洁的宗教特性，这一模式持续了很长时间。然而，即使是世俗的护士也要戴着面纱工作。要想进入专业学校学习，获得护士资质和应得的收入，她们还要不断斗争。

同工同酬？

妮：除了商场、邮局、医院之外，办公室也需要女助手吧？

米：女性正是通过文书工作大批进入了劳动力市场。在20世纪初和之后的两次世界大战期间，女性主要在工厂的流水线上工作，担任一些要求很低的职位。从第二次世界大战开始，办公室文书类工作岗位的需求猛增，大批女性涌入其中。即便在经济萧条期，女性仍旧坚持在岗位上，因为大多数家庭比历史上任何时期都更需要女性的这份额外收入。女性在办公室担任的职位通常是秘书、总机接线员、速记打字员。老板秘书是女性的“最高职位”，时刻位于老板身边，还要会插花，记得带药……无微不至。

妮：女性很快就开始负责领导女性团队了。但女性从什么时候开始领导男性的呢？

米：首先出现在工厂中，因为工厂里的女性更多了。1914年前，圣艾蒂安的絛带制造厂不景气，工资水平相对较低，所以男工人都跑去挖矿或冶金了，女工人自然就成了工长。她们手下还有一些非常年轻的男工人。这些年轻人在针织厂和纺纱厂里主要负责接线，做到十五六岁，然后成为技术工，负责修理织机。从那时起，他们就不听从女工长了。有些年轻男工还会说女工长挑逗他们。那些有领导权的女人通常也都是单身。

妮：一个女主管，几乎就像是个男人！

米：是的，女人在工厂领导女人还比较容易接受，因为正好解决了工厂里由来已久的性骚扰问题。但女性要在公司领导男性团队，那还需要很长时间。

妮：如何定义一个“女性化”的职业呢？不需要太强的体力劳动？

米：不管什么职业，女性要占至少 75% 的比重。而这类职业一般会被认定为对技能要求不高，报酬也少。工资水平不仅与生产效率有关，还与身份地位有关。男性的地位高于女性，所以男性收入更高也被认为理所应当。这更像是旧制度下的传统观念，而不是只考虑工作效率的资本主义经济原则。人们总是说女性的工作难度低于男性，女性只是在做天生擅长的事。而知识和技能才真正值得支付酬劳。女性从事纺织工作时会听

到 :“她们会缝制，她们眼神好。”女性成为速记员（真正需要学习的一项技能）时会听到 :“她们有弹钢琴的天赋，她们手指灵活。”1946 年的法律最终宣布了“同工同酬”。这是直到今天还未实现的理想！女性一直在为此奋斗，首先就从女性争取受教育和取得学历的权利开始。

渴望学习

妮：受教育权一直是女性最核心的诉求。

米：是的，知识的大门一直以来都对女性紧闭着。1836 年，七月王朝时期的公共教育部长弗朗索瓦 · 基佐认为，需要提高法国国民的教育水平。他要求在居民超过五千人的街区开设一所学校，但学校只针对男性开放。不过基佐作为新教徒，在女子教育方面的观念比天主教教徒更为开放。他的妻子也是一位受过良好教育的女士，她还写过一篇关于女性教育的专论。在第二帝国时期，当时的公共教育部部长维克多 · 杜卢伊要求居民超过五千人的社区也要开设女子学校。在这一方面，法国落后于英国，更是落后于德国。

妮：维克多·杜卢伊要求建立的女子学校是小学吗？

米：对的，最初都是小学。1867 年，他还为 12 岁以上的女孩儿开设了初中课程。当时在最重要的几个城市一共设立了五十多门课程，但这还不能算是正规的教育。女孩儿在母亲的陪同下，每周上几个小时的课。她们学习法语、外语、艺术，还有历史、地理和自然科学，但都是最基础的知识。除了国家设立的初中课程外，还有一些更完善的寄宿制私立学校。有钱人家会把女儿送去寄宿二至三年。

妮：这些学校和修道院不一样吗？

米：类似修道院，但不需要待太长时间。福楼拜在《包法利夫人》中就曾描写过这些机构。艾玛·包法利的父亲是个鳏夫又不知道如何抚养女儿，于是就把她送到了一所寄宿学校。艾玛很开心地在那里学会了阅读，但毁掉她的也正是阅读。她酷爱看爱情小说，脑子里充满了各种疯狂的念头……可以看出福楼拜对寄宿学校和女子教育还是存疑的。

妮：这些学校接受世俗化管理后，由谁负责挑选教师、安排课程呢？

米：19 世纪的小资产阶级赚钱谋生还很不容易。父母担心不能让所有女儿出嫁，所以希望她们能够养活自己。在这种情况下，开一所寄宿制学校、做些翻译的活儿，或者成为家庭教师，都是不错的出路。不管是大资产阶级，还是中小资产阶级的女性，都对学习充满渴望。一些受过教育的女性就决定开设几门课程（也有走读制的），教育当地的女孩儿们。她们努力提供良好的教育，慢慢从教学实践中完善内容，但授课内容还是基础知识。考试也按照教学大纲进行。

妮：那时还有很多来自欧洲各地的家庭女教师，比如英国的"Miss"、德国的"Fräulein"。

米：这些都是被资产阶级家庭雇用，负责教育孩子的女教师。她们四处旅行，孩子长大后就换另一个家庭。她们受过教育，比女仆的地位高，但也总是会收到类似的建议：做好自己的本分，不要轻易相信男主人，不要受到诱惑。即便如此，还是发生了不少的爱情故事。

妮：所以年轻女性在无人作陪的情况下，开始了独自旅行……

米：如果看那个时代的女性杂志，就能明显感受到女性对旅行的向往和想象。19 世纪非常有名的《少女杂志》是上层社会女性专门针对这一阶层的女读者编辑的一本杂志。杂志大部分内容都比较传统，有轻艺术、绘画、缝纫、护肤、时尚等主题。但同时也包含了偏严肃和教育性的内容，涉及外语和旅行。与其让少女们陷入爱情的幻想中，还不如让她们幻想意大利、西伯利亚或热带森林。英国女性对旅行的兴趣更为强烈，出现了几位大胆的女冒险家。还有一些女性成了翻译，这项职业一直被认为非常适合女性。成为不同文化和思想之间的中间人是多么美好的使命！掌握一门外语后，女性就可以利用空闲时间在家里工作。直到今天，翻译仍被认为是一门非常女性化的职业，因而报酬很低。

教育革命

妮：在当时的法国，女性最好的出路是成为老师吗？

米：是的，老师是女性向往也是被社会认可的职业。女老师是集知识、尊重和母爱于一体的职业。在法国，政府与教会之间的斗争对此起了很大的推动作用。第二帝国时期的主教杜庞鲁曾说过："女孩儿必须接受教会的教育！"教会的策略非常高明，不仅利用教区的修会让女性接受宗教的熏陶，而且还宣称提供的是世俗教育缺乏的更高级的知识。而此时，反对帝制的共和党也制订了一项针对女子的教育计划。米什莱还在《女性与教士》一书中，提出了教会控制女性的危险性。女人向神父倾诉，神父可以通过她们监视男人……第三共和国时期，政府为了让女性摆脱教会的控制，推行了世俗教育。

妮：第三共和国时期，法国终于有了同时招收男女的学校。

米：儒勒·费里在1881年开始推行世俗化的、免费的学校。但当时男女还需要分班。因为教会指责共和政府，尤其是世俗学校"不道德"，共和党人不想再招致批评，所以对男女进行了严格的分班。但男女学生的教学计划和教材几乎差不多，并且只有一种毕业证书。女学生还要上家政课，但几乎没什么重要性，到维希政府时期才受到重视。此外，从 1885 年开始，学校为训练男学生当兵而设立了体操课。而女学生则学习更加优美的韵律舞。可见在身体层面而不是在智力层面，男女之间的区别依然很明显。

妮：教女生班的是女老师吗？

米：《费里法案》在很大程度上推动了女教师职业的发展。在乡村，小学老师会把一个班分成男女两组上课，男生坐一边，女生坐另一边。学校有一定规模后，大家更希望男老师能教男生，女老师教女学生。在 19、20 世纪的中小资产阶级中，有些家庭无力为女儿准备嫁妆，认为教师还算是比较体面的职业。而在平民阶层中，教师是一种身份的象征。不管农民还是工人，父母都向往自己的女儿能成为教师。但这通常很难，因为即便有奖学金，送女儿读书也要花不少钱，贫穷的农民家庭往往无力支付这笔开销。对希望女儿能不去工厂的工人家庭来说，这也是笔大花销。1880 年代，在一份针对贝尔维尔市多所小学中的女学生的调查中，三分之一的学生面对“将来想做什么”的提问，回答了“小学老师”。很多人还补充道：“但爸爸不希望我做这个。”问其原因，她们说因为成本太高。

妮：成为女教师还有一个代价。她们是不是得长期保持单身？

米：起初，大部分女教师都是单身。她们是女性知识分子的榜样，甚至排在教授前面，因为她们数量更多。1914 年之前，她们的身影出现在工会运动、和平主义运动和新马尔萨斯主义运动中。她们要求控制出生率，为女性争取堕胎权。她们的做法吓住了未来的未婚夫。但她们后来都结了婚。政府为鼓励小学男教师和女教师结为夫妇，为他们提供住宿。一对有文化、世俗、平等、以相同标准教育儿女的夫妻，正体现了共和国的理想。但直到 20 世纪 20 年代，女教师才拿到了和男教师同等的薪水。

第一个通过中学毕业会考的女性

妮：小学女老师上的是师范学校，没有参加中学毕业会考，也没上大学。那最早拿到业士学位[①]的女性出现在何时呢？

---

① 业士学位是法国特有的一个学位，只有通过中学毕业会考才能获得。——译者注

米：第一个拿到业市学位的女性是朱莉·多贝。她在1861年通过了中学毕业会考。她自学成才，并为争取参加考试的权利奋斗了二十多年。当时一个女性能做到这点是不可思议的。朱莉和她的父母曾寻求过一些大人物的支持，比如圣西门主义者兼企业家弗朗索瓦·阿尔勒－杜福尔。圣西门主义者也是社会党人，他们支持男女平等，认为无产阶级和女性是受到社会压迫的两类人。阿尔勒－杜福尔先是试图说服里昂学院的校长，但无果。他又向当时的公共教育部部长维克多·杜卢伊求助。杜卢伊说他在原则上同意，但很难说服世人接受……只能直接向欧仁妮皇后求情了。皇后是虔诚的教徒，但也是女权主义者。她让杜卢伊部长给校长下指令。这件事牵扯到了重要的政治利害关系。站在教会这一边的皇后，却认为女性参加中学毕业会考是应当的。但即便朱莉后来顺利通过了考试，还是经过了漫长等待才拿到了学位。

妮：女性可以参加中学毕业会考是如何慢慢被社会接受的呢？

米：过程很曲折，也很漫长。1880 年，共和派代表人物卡米耶·塞开设了第一所世俗教育女子高中，由取得教师资格的女教师授课。但女高中生还不能参加会考，她们可以取得“高中学习证书”，但参加的考试不同于只有男性能参加的高中毕业会考。特别的是，女生不能学习希腊语和拉丁语。因为这两门古老的语言承载着思想和哲学，是当时的知识巅峰。而科学和技术的价值比较低，工程师的地位在当时不如文人。拉丁语是神职人员的语言，即使对不信教的人来说，也带着一种神圣感。社会党人让·饶勒斯就用拉丁语进行了论文答辩。所以女性要是有一天被允许学习拉丁语，感到震惊的将不仅仅是资产阶级人士。巴黎公社成员儒勒·瓦勒斯也感叹道：“若是女人都学拉丁语，这个世界就太疯狂了！”要等到 1905 年，高中毕业会考才真正向女性开放；到 1924 年，女性参加的考试才和男性相同。至于男女同校要等到 20 世纪 70 年代。

妮：女学生终于可以参加会考，进入大学了。

米：这个过程也非常缓慢。据估计，1914年，法国的女大学生只有7%。随着大批犹太难民从俄罗斯帝国逃到法国，医学院最先发生了改变。因俄罗斯帝国开设了女子医学院，教育水平相对更高的犹太女学生纷纷入学。但随着大学的关闭和19世纪80年代的反犹运动，犹太人离开俄罗斯，分散到苏黎世、伦敦、巴黎等地。这些犹太女学生希望能继续完成学业。还有很多波兰女性，像居里夫人一样虽然不是犹太人，但也因为俄军的占领和波兰禁止女性上大学而去往国外。当时的法国政府接纳了这些年轻女性，强制要求大学接纳她们。

妮：所以只能采取强制的手段才行……

米：男学生的反对声音还大过男教师呢！学生们起哄，拒绝接纳女性入学。但因为教师们支持女性，所以还增加了校务人员维持课堂秩序。最终，学生们也慢慢接受了。1914年前，医学和法律专业有不少女学生完成了全部学业。最初通过医学实习的大都是外国女学生。玛德莱娜·佩莱蒂埃是第一位历尽艰辛终于参加精神病学住院实习考试的法国女性。这一领域被认为非常男性化，而且这种观念已经持续了相当长的时间。

“女大学生：男大学生的女伴”

妮：女大学生的时代终于到来了……

米：但“女大学生”这个词也是个问题！打开一本19世纪的字典，可以看到“女大学生”的定义是“男大学生的女伴”。女大学生成了轻佻女子的代名词，指一个来自平民阶层的年轻女性，与男大学生同居，但明知两人不会结婚。从1900年起，在进行统计时把女大学生要写作“女的女大学生”，就好像非得再强调一遍似的。直到1918年后，这个词才具有了现代意义。两次世界大战期间是女大学生崛起的时代。1939年，女大学生已经占到学生总数的27%。虽然男女的数量仍不能持平，但已经取得了很大进步。那时也出现了第一批通过大学教师职衔会考的女性：西蒙娜·德·波伏娃于1929年取得哲学专业教师资格，西蒙娜·韦伊则是在1931年取得的，而美第奇文学奖的获得者科莱特·奥德里也在这一时期取得了文学教师资格。日尔曼·蒂利翁获得了民族学文凭（1939年，战争中断了她在阿尔及利亚的第一次民族学调查）。在哲学、文学、科学等传统领域里，还是由男性占主导。而像社会学、精神分析学和民族学等新兴的专业更欢迎女性。民族学让女性更多地接触到地理学和旅行，而且教会也鼓励发展传教精神。

妮：女性总是被要求奉献。从 1940 年开始，维希政府又试图让女性回归家庭。

米：维希政府反对女性主义，甚至宣称女性主义是导致法国战败的重要原因。他们并没有回到女性该不该上大学或中学这个问题上来，而是修改了课程设置，加强了家政和育儿教育，开设了更强调两性差别的传统公民道德教育课程。他们想要收回对女性的教育权。维希政府不仅让女性更好地履行妻子与母亲的责任，而且将战败的过错推给了她们。

妮：这一做法对女性有很大的影响吗？

米：很难说，那个时期女生的学习热情可能会受到一定影响。但这种情况也就持续了四年，没有放慢女性进入大学的脚步。而且战争中，资产阶级的生活状况不如从前，迫使女性更要自力更生。而战争后到来的婴儿潮把年轻的妈妈们都困在了家里。女大学生的数量确实在增加，但她们通常在结婚后就放弃了工作。今天也是如此，许多高学历女性要在事业和家庭之间做出艰难选择，或者在孩子出生后，就要牺牲自己的事业。单从这一点来看，男女平等还未实现。

第四节 夺回话语权

摄政王后

妮： 虽然女性一直都在家中和外面的商店、工厂、办公室里工作，但其实她们从未在做出重要决策的公共领域中占有一席之地。

米： 在过去的几个世纪中，无论是男性还是女性，都很少有人能在公共事务中取得话语权。古希腊人最先开始谈论“公民权”，只是这种民主进步可谓特例。有权决定公共财政、战争、和平、税收、粮食和娱乐的古希腊城邦，由自由民构成，不包括外邦人、奴隶和女人。公民的妻子也是自由人，但不是公民。只有男人才拥有管理、决策、选举和被选举权。古罗马也是如此，公民的妻子是自由人，但没有“公民权”，被排斥在公共事务之外。

妮：但在欧洲的封建君主制中，时而能看到掌权的女性，比如女王、摄政王后、领主夫人等。

米：英国的女性实际上可以充分行使王权，比如伊丽莎白一世。（如今的伊丽莎白二世没有什么实权，这其实和制度有关，与性别无关，就算是国王也不会有更大的权力。）而法国正好相反，形成于法兰克王国的《撒利克法典》规定，只要还有男性继承人存在，女性就没有任何继承权。但在实行该法典的最初几个世纪，这一原则主要用于私人继承，而不是王位继承。墨洛温王朝的几位王后，诸如克洛提尔德、布吕内奥、弗雷德贡德确实手握实权。从 14 世纪开始，该法典成为王室的准则，瓦卢瓦王朝最终割裂了与英国金雀花王朝（卡佩王朝的后代）的关系。从那时起，王后就被排除在了权力之外，她们只能成为国王的妻子。王后大多都是通过政治联姻嫁到法国的外国人，所以她们不被信任，甚至连遗产继承都不能触碰到公共财产。

但如果国王去世时，最大的儿子还未成年，那么王后就会摄政。

妮：然后等待一个男人从她手中接过权力的火炬……

米：正是这样，而且摄政王后总是不被信任，也很难利用手里的权力。为了监视玛丽·德·美第奇，亨利四世时期甚至专门成立了一个摄政委员会。奥地利的安妮在政治上也完全依靠宰相马萨林。至于路易十四，他更是拒绝将权力交给他的第二任妻子曼特农夫人，而这位夫人其实对他产生了非常大的影响。国王去世后，摄政委员会便任命菲利普·德·奥尔良为摄政王。在那个时代，唯一一位受人青睐的摄政王后是路易九世的母亲卡斯蒂利亚的布兰卡，但编年史专家们认为她是个泼妇，统治风格极度专横。

妮：是不是所有女性在执政时期都会受到非议，即便是全权负责的女王们，比如瑞典的克里斯蒂娜女王和俄罗斯的叶卡捷琳娜女王？

米：是的，她们都被认为有些男性化，世人甚至更愿意拿她们当男人看，而且这两位女王很可能都是双性恋。英国的伊丽莎白一世也终生未婚未育。似乎女性气质无法与权力融合。这些女王或摄政王后总是顶着暴戾的名声。凯瑟琳·德·美第奇可谓是最具代表性的红颜祸水：她首先是一个外国人（意大利人），又是一位感情专制的母亲（她的儿子们是同性恋），还被巫师影响，传言她会下毒……很久以来，圣巴托罗缪事件的所有罪责都被归因于她。共和党人米什莱曾说过："这就是女人掌权的后果。"但近些年来，历史学家已经为她平反了。

妮：即使女性隐身幕后，但国王身边的女性总还被认为是红颜祸水。

米：人们一向对女性的神秘力量保持警惕，并时常夸大这种想象。有人甚至会说："女人们究竟在抱怨什么？她们明明是有权力的。"不过，女性确实可以使用这种潜移默化的影响力。但她们的权力永远没有一个合法地位，全赖于国王的态度。路易十四的第二任妻子曼特农夫人始终未得到正式的承认，因为路易十四从没有公开承认再婚的事实。当她凭借自己的影响力支持教会时，更是招致了世人的厌恶。而路易十五的情人蓬帕杜夫人则扮演了文化使者的角色，她保护艺术家和哲学家，为他们争取免受审查的自由。但受宠的情人只有在国王的宠爱下才有价值，一旦国王失去兴趣，她们自然也就被排除在权力之外了。

妮：除了上述两种当权的女性或国王的情人，女性是否也通过“谈话的艺术”可以施加一定的影响力呢？毕竟法国女性最擅长举办沙龙了。

米：这种谈话的艺术最早发源于城市而不是宫廷。沙龙中的女性拥有与男性几乎平等的发言权，她们可谓知礼与优雅的代名词。这里要提到朗布依埃侯爵夫人，她设立的“蓝色房间”可谓是沙龙的鼻祖。但女性仍处处受限：她们可以和哲学家对话，但不可能成为哲学家。她们在沙龙中交流他人的观点，行为举止像优雅的女主人。有些女性更喜欢当中间人，而不是直接掌控权力。对资产阶级和贵族的精英群体而言，18 世纪是男女之间互献殷勤的美好时代。但这种风雅的奉承也使得女性更难接近权力。男人为女人献上鲜花珠宝，然后又将她们抛之脑后。

闹事的泼妇

妮：历史上也发生过女性未经邀请便擅自闯入公共领域中的事。

米：女性还可以拿起武器制造动乱呢！在投石党运动期间，“大郡主”安妮和隆格维尔夫人女扮男装，还骑马射击。胡格诺战争期间，新教女性守在壁垒后，等着加入战斗，保卫被天主教徒围困的城市。平民阶层的妇女也会为了生存而战。在法国旧制度下，要是面包、粮食、面粉供应不足，她们就会聚众闹事。17—18世纪的生产力和交通条件根本无法与现在相提并论，因缺粮而引发的动乱时有发生。男人甚至把女人推上前，让她们去争取食物。因为她们是家庭主妇、是母亲，更了解价格。那个时代，女性是“道德经济”的守护人。人们会认定商品拥有一个合理的价格，如果市场超过了这个价格，就被认为是不道德的，而女性有权进行抗议。女人们联合邻居一起大声闹事，打翻那些囤积居奇的面包师和磨坊主的摊位。这些在丈夫们看来都很正常。而她们这样做是冒着被捕、被判刑甚至被绞死的风险的。

妮：在法国大革命期间，妇女们在凡尔赛宫周围游行，为了面包……

米：也为了让"面包师傅和小伙计"回到巴黎。如果是男人发起的游行，这些面包师傅会回来吗？这可不一定。要求面包的这些妇女代表了民意，看起来更具合法性。米什莱用大量篇幅描述了她们涌入国民议会和权力机构的那几天。这个曾想把女性"框"在家庭中的人，这一次也赞赏起女性来了：她们是以母亲的身份在行动。

妮：这些由女性发起的饥饿骚乱经常会发生吗？

米：1846 年和 1847 年又发生了动乱。这两年连续出现恶劣天气，导致土豆和小麦接连减产，价格水涨船高，令人难以承受，严重的工业危机也随之而来……而后在第二帝国期间，饥荒才逐渐得到缓解。这一时期农业得到发展，还有大型蒸汽船从北美运送粮食、从南美运送肉类。同时，法国和欧洲的铁路线也越加完善，可以更好地运输食品。但是，每当出现生活成本太高的问题时，女性又再次登场。比如在 1910 年，欧洲再次因食品的价格问题爆发骚乱，妇女们走上街头抗议黄油和牛奶的价格太高（这也说明人们的生活水平已经提高，至少面包是够吃的）。那一时期，曾经以推翻摊位为斗争手段的妇女变得更有组织和纪律。她们组成联盟，高举标语牌，让工会感到了不安。而一旦示威行动过去之后，妇女没有获得任何权力，她们又回到家中，远离公共事务……1942年的巴黎也发生了几场骚乱。其中一名暴乱者丽丝·伦敦，后来被送到了拉文斯布鲁克集中营，她以维希政府安给她的绰号“达盖尔街的泼妇”为名写下了自己的回忆录。在占领期间发生的骚乱并非完全是女性自发的,有些可能受到了党派的影响,但也属于一种抵抗方式。

上断头台的权利

妮：除了这些骚乱外，难道女性在大革命期间没有担任真正的政治角色吗?

米：有过尝试。但她们很快就被政党的地方分部拒之门外，后来又被雅各宾俱乐部和科德利埃俱乐部这些政治团体排除了。众议员全都是男人。西哀士在制定选举权时，直接将女人都排除在外了，并且划分了“积极公民”和“消极公民”两类。前者是指参与公共生活的公民，后者包括穷人（大多都是文盲，被认为不具备参与公共事务的能力）、孩童、精神病患者、外国人和女人。所有的女人都被排除在外。但很显然，其他“消极公民”还是有改变身份的可能，孩子会长大成人，穷人可以赚钱并学会阅读，有些患者可以恢复健康，外国人可以更换国籍……但女人呢？女人一直都是女人，永远都被排除在外。

妮：没有人对此提出抗议吗？

米：很少有男人提出异议，除了孔多塞。他于 1790 年写了一篇题为《论妇女应享有的公民权》的文章，驳斥了女性天生无能的观点，并风趣地补充道：“很难证明女性没有行使公民权的能力。为何因为怀孕和身体暂时欠佳就无法行使这个权利了呢？那为何我们从未想剥夺一到冬天关节就痛和易感冒人群的这个权利呢？”

妮：会有革命者通过强调玛丽·安托瓦内特王后的负面形象，夸大女性上台后的不利影响吗？

米：这也是他们的说辞之一！玛丽王后为人所不齿，世人认为她轻浮、拜金、浪荡，说她是坏母亲、坏妻子，甚至还是国家的叛徒，她就是女性不能掌权的最好证明。18 世纪末的风气其实非常自由，但革命者对道德的要求也非常高……事实上，随着君主政体的覆灭，男性在政治舞台上有了更大的空间。他们在男性之间讨论政治，远离之前常去的沙龙，也就远离了女性。革命者借鉴了曾经的罗马共和国的成功路径，对他们来说，政治这种雄辩的艺术，属于男性。平等、自由与博爱相联系，而“博爱”这个词是非常男性化的，指的是男人之间的兄弟关系。他们也确实尊重女性，承认女性也是公民，但他们认为女性的公民权要在家里行使，她们的责任就是教育好下一代公民。其他事和女人无关。

妮：女性没有对此进行抗议吗？

米：许多女性试图采取行动，希望在政治舞台上获得一席之地。边打毛衣边列席国民会议的平民妇女大声斥责选民代表，这让米什莱大吃了一惊。巴黎和各省都成立了相关的女子社团。

在没有报纸的情况下，她们印刷了一些单页并分发了请愿书。著名的女演员和作家奥兰普 · 德古热于 1791 年发表了《女权与女公民权宣言》。这份宣言不仅继承了 1789 年《人权宣言》中的精华，而且还进一步提出所有公民应享有平等权利的要求。

妮：里面有一句经典的话："女性有上断头台的权利，女性也应该拥有进入议会的权利……"

米：1793 年，以曾经是路易十六的支持者为罪名，奥兰普·德古热被推上了断头台，她死前也未能为女性争取到应有的政治权利。在她死后，巴黎检察官肖梅特在《通报》上写道："让我们记住恬不知耻的奥兰普 · 德古热，她建立妇女社团，不顾家庭责任，干涉共和国政治进程，她的头颅已经滚落在法律的利刃下。"

妮：真是令人难过！但是，这些先驱者们的宣言是否已进入民众的心中呢？

米：我们不能欺骗自己。大革命时期的法国就是个大乡村，大多数女性都生活在农村，她们从来没听说过奥兰普·德古热。城市里则是另一番景象，女性受过教育，报纸上的消息广而告之。夏洛蒂·科黛在卡昂听说了大革命的事，甚至试图通过刺杀马拉影响革命。女性也充当了反革命的角色，她们往往是教会信徒。当大革命要求将教士的财产充公，让神父宣誓效忠国家，并迫害反对的人时，许多女性就站出来保护教会。共和党人则因为这个原因，在很长时间里都拒绝让女性拥有选举权。

妮：除了政治权利外，女性在当时是否得到了应有的民事权利呢？

米：法国大革命为公民的个人自由、平等的继承权、世俗婚姻权和离婚权奠定了基础。但拿破仑迅速抹杀了很多进步成果，并在《民法典》中重新确立了男性权威。公共和私人领域的关系进行了深刻重组：公民社会的基础是家庭，而家庭所涉及的领域广泛。由家庭负责健康、教育、财产及援助。家庭是国家的对话者，而男人在家庭中具有绝对权威。男人管理家庭，也代表家庭。当时的政治哲学都建立在这种家庭单位观之上。以至于康德认为，如果一个女人谋杀了婚外生的婴儿，法律不应该惩罚她，因为这个婴儿并没有生命权。对女性的这般纵容基于家庭主义的逻辑，但又不承认女性的个体性。波旁王朝复辟后，在 1816 年再次禁止离婚，一直持续到了 1884 年。然而，大革命也留下了永不会熄灭的女权主义之火。女权主义要求女性应享有与男性平等的权利，包括政治权利和民事权利。女权主义顺应了《人权宣言》的逻辑，虽然《人权宣言》并未承认女性的个体性。

女性浅薄不能投票

妮：在 19 世纪令人窒息的政治环境中，女性如何表达她们的主张呢?

米：这些先驱都是真正的女英雄，她们冒着巨大的风险逆势而上。19 世纪 30 年代，在七月王朝统治下，拥护圣西门主义的女性为建立平等自由的社会而辩护。其中一位女性，克莱尔·德马尔，在 1832 年写了一本名为《我的未来法则》的书，她在书中公开反对《民法典》，要求妇女在婚姻中享有和男性平等的权利，有离婚和自由恋爱的权利（她本人选择了同居的生活方式）。但她没能抵抗住那个时代的重压，最终选择了自杀。

妮：我不禁想到了我们前面就提及的乔治·桑。

米：她的确是女权主义的又一位伟大人物。她的恋爱非常自由，她想写作，既是为了创作，也是为了保证独立。虽然不能离婚，但她还是选择了和丈夫分居。她穿男人的衣服，独自旅行，而且在必要时和编辑争吵。她积极参与政治，是共和主义者和社会主义者。她在 1848 年匿名撰写了共和国临时政府的公报，并发行了报纸《人民的事业》。这份报纸只发行了三期（那个时期的报纸大部分都很短暂）。乔治·桑并不支持妇女参政。在她看来，女性在要求政治权利之前，必须首先取得平等的民事权利。在一个没有父亲和丈夫同意，女性就什么都不能做的家里，选举权又有什么意义呢？而其他女权主义者、社会主义者和圣西门主义者认为，女性应首先争取选举权。比如创办《妇女之声》日报的欧仁妮·尼布瓦耶，创立《女性政治》（后来改名为《女性观点》）的让娜·德鲁安和德西蕾·盖伊，以及著名的记者和教师波利娜·罗兰。她们认为，女性拥有了选举权和被选举权后，才有改革《民法典》的可能。

妮：1848 年，以拉马丁为首脑的临时政府推行了普选制。女性有何反应呢？

米：她们非常失望。对于 1848 年的革命者而言，“普遍”只意味着“男性”。男性代表家庭，而家庭中的女性不被视为独立的个体。1848 年 4 月 6 日，在选举准备期间，《女性之声》向制宪议会推荐乔治·桑作为候选人，而她本人则以轻蔑的态度拒绝了。

妮：她不喜欢女性吗？

米：她有几个女性朋友，像她一样非常“现代化”的女性。但她确实与男性相处得更好。她觉得女人的世界轻浮无聊、枯燥乏味。她对自己的女儿索朗热非常失望。索朗热在性生活上非常开放，但她并不工作（她写的文章和她母亲一样是灾难性的）。

同一个女人，同一个声音！

妮：在随后的时期，也就是1851年12月2日的政变和之后成立的第二帝国时期，女性争取权利变得更加困难了。

米：所有自由都受到了限制，女权主义者无法再发表自己的观点。那些推荐乔治·桑加入制宪议会的社会主义者也为此付出了巨大代价。欧仁妮·尼布瓦耶和让娜·德鲁安被迫开始了政治流亡。而勇于站出来公开反对路易·拿破仑·波拿巴的波利娜·罗兰被判入狱。她后来被驱逐到阿尔及利亚，于1852年刚回到法国后便去世。自第三共和国开始，女权运动开始得到比较大规模的发展。参照盎格鲁-撒克逊地区的成功经验，各协会中为女性争取选举权的呼声越来越高。于贝蒂娜·奥克莱尔是当时最早支持妇女参政的法国女性之一。她创办了《女公民报》，并明确指出，只要女性没有投票的权利，那么无论说得再好听，她们都不属于公民。她还组织了7月14日的示威活动，高举“女性应攻占巴士底狱”的横幅。她的结婚仪式在市政厅举行，因质疑“夫应保护其妻，妻应顺从其夫”的誓词而被赶出市政厅。虽然如此，于贝蒂娜·奥克莱尔总是戴着一顶具有时代标志性特征的大羽毛帽。

妮：那个时代也出现了众多的女性报刊。

米：1880年至1914年，一共出现了一百多种女性报刊，其中最著名的《投石党报》连续发行了三年。这是一份女权主义日报，由女演员玛格丽特·杜兰德创立。她拥有美丽的外表，并把一切都投入事业之中。她曾说道："无人知晓我的金发为女权主义事业做出了多少贡献。"她有过几任丈夫，也有许多情人和朋友，她向他们索取金钱建立图书馆。因此诞生了法国唯一一座女权主义图书馆，冠以创始人的名字，直到今天还矗立在国家大街上。杜兰德希望《投石党报》全部都由女性负责制作，这引起了印刷工和排字工的抗议，因为担任这些职位的都是男性，而且是讨厌女性的男性。她聘用了许多优秀的女记者，例如报道了德雷福斯案的塞弗丽娜，原名卡罗琳·雷米。《投石党报》的立场明显支持德雷福斯。对于杜兰德来说，民主事业与女性事业是密不可分的。

妮：对女性权利与民主的捍卫总是齐头并进的吗？

米：是的，但也有细微差别。从第三共和国开始，人们终于意识到了女性的社会权利，也不得不承认女性迟早都能进行投票。这一时期，女权主义得到飞速发展，尤其是保守派的基督教女权主义。基督教女权主义支持女性拥有选举权——这个时期天主教与共和国站在一起，但不主张重审德雷福斯案，更不支持避孕。

妮：因此，争取选举权是法国乃至全世界所有的女权主义者斗争的焦点。

米：是的。1888 年，美国成立了国际妇女理事会，法国、加拿大、英国、印度、丹麦、挪威、芬兰等国家的代表都参加了这次决定性的会议，并建立了各国的分支机构。法国在 1901 年成立的法国全国妇女理事会至今仍然存在。许多新教徒女性，例如萨拉·莫诺德和朱莉·齐格弗里德都积极参与其中。她们也都是共和主义者（第三共和国政府为了实现政教分离而非常依赖新教徒），为男女平等做了很多斗争。理事会在伦敦、巴黎、维也纳、柏林等城市开展了重要的国际会议。记者们也出席并进行了报道，报纸上也在谈论此事。对长久以来被禁止公开发言的女性们来说，走上台发表演讲，虽然紧张，但也意味着她们拥有这一项出众的能力！

丈夫的工资

妮：那个时期，女性也开始担任律师这个以雄辩术为基础的工作。当然，那时的律师几乎都是男性。

米：法国议会直到 1900 年才通过了一项允许女性成为律师的法律，法庭上的律师席在此之前都禁止女性进入。法国第一位女律师是让娜·肖万。后来，很多女性和女权主义者，比如玛利亚·维罗纳和伊冯娜·内特，也都投身到律师行业。

妮：女性可以进行诉讼，但依然不能投票！

米：还不行……但是经过各种会议、报刊、社团、游行的努力，情况开始发生了变化。澳大利亚女性最先在 1902 年获得选举权，紧接着是芬兰女性（1906 年）、挪威女性（1913 年）、比利时和荷兰女性（1919 年）。英国女性是在 1918 年，而美国女性是在 1920 年。1914 年 3 月，法国众议院在这方面通过了一项法律，但遭到参议院的拒绝。尽管女权主义示威游行从未间断，但这种情况又在两次世界大战期间反反复复上演了好几次。直到 1944 年，负责筹建未来法国各种机构的阿尔及尔大会终于赋予了女性选举权。只有激进派还想继续挑战这个既定的事实。他们是左派人士，依然对教会施加给女性的影响持谨慎态度。法国作为发生大革命和发表《人权宣言》的国家，在这一方面没有走在别的国家前面。

妮：这是女性争取公民权的第一次胜利。女性终于不是家庭中的弱势一方了吗?

米：法国的法律要慢几步……1907 年，女性终于有权领取工资。但男人作为一家之主，可以支配家中的所有财产，因而也有权领取妻子的工资。而实践与理论之间总是存在着差距。因为当时的工资不是通过支票或转账进行支付的，而是通过现金，所以如果妻子与丈夫关系好，她就可以直接把工资领回家。1907 年，左派议员（社会党和激进党）以及像阿尔伯特·德·曼这样的基督徒也捍卫女性自由领取工资的权利。虽然这么说，他们真正在意的是女性作为母亲和妻子应承担的责任，而不是作为个体的女性。因为男人有时会拿自己和妻子的工资去喝酒，不会给孩子剩下一分钱。

妮：在没有得到丈夫许可的情况下，女性有工作的权利吗？

米：要等到 20 世纪 20 年代。在此之前，作为个体的女性没有真正的工作权。除非是单身的女性，为了满足生活所需，可以认为她们拥有和男性一样的工作权。但是一旦结婚，她们就必须回归家庭，服从丈夫。其实还要等到 20 世纪 80 年代，法国女性才终于在工作和财富支配上享有和男性平等的权利。而“同工同酬”这一原则最先在公共事务部门（公共教育、国有制造业、烟草产业、军备产业）实行。在私营部门，这一原则尚未实现。

母亲须知

妮：生不生孩子和生几个孩子，虽然听上去像是私事，但实际上，没有什么比避孕权更能改变女性地位的了。

米：对女性身体的控制，从一开始就是公民生活的核心议题。避孕算得上 20 世纪的一件大事，几乎可以媲美过去发现地球自转的重要性。将性与生育分开的事实，以及女性可以掌握自己身体的观念，完全颠覆了社会和两性的关系。虽然女权主义的先驱在这方面做出的努力还是有限的，大部分还是关注女性的政治权利和受教育权。身体还是一个不宜谈论的禁忌……但新马尔萨斯主义者们是个例外。新马尔萨斯主义是在 1914 年前诞生于英国的一种人口理论。卡尔·马克思的女儿埃莉诺是活跃在其中的一分子。新马尔萨斯主义者受到英国牧师马尔萨斯的人口学说的启发。马尔萨斯在《人口原理》(1798)中发出警告：要注意，人口增长速度远快于资源的增加速度，必须要控制出生率。18 世纪末，马尔萨斯提倡禁欲和晚婚。到了 19 世纪，新马尔萨斯主义者提出限制生育，将性和生育分开来。他们提倡避孕，以及英式避孕套。

妮：盎格鲁-撒克逊国家在此方面遇到的阻力会比较少吗？

米：女权主义者们很早就提出了这个议题。一名纽约的护士玛格丽特·桑格在眼睁睁看着自己的母亲怀孕 18 次死于精疲力竭后，她在 1914 年提出了“避孕”的概念。她提倡用计划性的、医学性的手段普及避孕的信息和方法。她在伦敦的一场女权主义会议上，遇到了植物学家和地质学家玛丽·斯托普斯。两人互相交流了各自的经验和方法。玛丽·斯托普斯在英国出版了《结婚之恋》，这本书被英国教会判定为不道德的淫秽之书，但也可以认为是第一本避孕手册，被英国女性争相阅读。玛格丽特·桑格撰写了《母亲须知》，又在1921年创立了美国节制生育联盟（家庭生育计划的鼻祖）。随后，斯托普斯和桑格建立了许多诊所，为女性接生，同时对女性进行照料和接待，告知她们避孕的方法。但这些诊所并没有为女性进行堕胎。避孕的倡导者们也提倡尊重生命，她们认为避孕是阻止堕胎的最佳方法。

妮：但她们在美国被判“淫秽罪”而锒铛入狱了……

米：我可没说这轻而易举。传播任何有关避孕的信息和方法都被认为犯了“淫秽罪”。玛格丽特·桑格多次被捕、入狱，还在欧洲流亡过一段时间。但这种暗含着自控和改善家庭生活条件的避孕行动，在新教国家引起了一定的正面响应。法国虽然是一个政教分离的共和国，但也是一个信奉天主教的国家，对多数女性来说，避孕是一个连开口谈论都无法做到的事。

“成为母亲只能按照你的意愿！”

妮：但法国的女权主义者为此冒着巨大的风险……

米：虽然法国的新马尔萨斯主义者数量不多，但她们都非常活跃。记者奈丽·鲁塞尔排演戏剧、巡回演出，用这种方法说服女性。在1903年，她写道：“只有清楚地认识到母爱，母爱才是高尚的；只有被渴望，母爱才是温柔的。屈服于天性和出于必要产生的母爱，就成了动物的本能或痛苦的考验。”这些女性主义者是受过教育的女性，很多都是小学女教师。她们知道她们的工作首先要关乎穷人。资产阶级家庭都知道控制生育，而穷人们总是生很多孩子。在普通家庭，避孕非常困难，因为女人们总是羞于开口，她们习惯认为这是男人的事。这是男人应该注意的，而她们只能想尽办法，不惜堕胎。从上述情况到要求男人戴上避孕套，中间经历了很多……

妮：工会对此会有所干预吗？

米：许多工会认为，要壮大工人阶级就必须多生孩子。即使是在不同的工人中间，也有差别。比如在矿工家庭中，妻子要待在家里，生育很多孩子。而钢铁工人是新马尔萨斯主义者，工会向他们宣传了避孕方法，他们也承诺控制生育。新马尔萨斯主义更像是自由公会主义，甚至是无政府主义。

妮：但新马尔萨斯主义者是如何影响既不读书看报，也不看戏的夫妻的呢？

米：这需要勇气和奉献精神。他们（除了女性，还有为数不多的男性）等在工厂门口，向工人分发男用避孕药、避孕套和宣传册；在车站和墙上张贴纸条："女人，成为母亲只能按照你的意愿！"这是一则包含现代性的信息。玛德莱娜·佩莱蒂埃是这个时代标志性的人物。她出身于平民家庭，完成医学的学习后，成了一名科学家。她对人类学充满了热情，还是第一个通过精神病学住院医生实习考试的女性。她是一位女权主义者，为女性争取选举权、性解放、避孕权和堕胎权。宣传避孕在过去就很艰难，从 1920 年开始被完全禁止。政府发现出生率开始下降，于是禁止一切避孕的宣传。宣传任何形式的避孕消息或方法都会被起诉，当时就涌现了大量案件。玛德莱娜·佩莱蒂埃因为做过堕胎手术而被告上法庭。由于她的名望，法庭没有给她判罪，但认定她疯了。她被拘禁在一家精神病院，几个月后就去世了。

妮：那倡导堕胎，可以说是最危险的行动了。

米：是的，同时挑战了国家、军队、教会……尽管国家发布了禁令，但这项运动也未停止。伯蒂·阿尔布雷希特一直在为争取避孕和堕胎的权利四处奔走。也有医生参与其中，但这一切都是在地下悄悄进行的。等到维希政府上台时，沉默变得更加彻底了。

妮：随着解放的到来，政策是否有所放松呢？

米：我们以为事情会有所好转，但并不是这样！第四共和国鼓励生育，政府打着重建的名号宣传多生孩子。战争结束后，堕胎和避孕仍旧被禁。波伏娃在1949年出版的《第二性》，可谓是一声反抗的呐喊。

《A 的历史》

妮：因为在那段时间里，堕胎并没有完全消失，反而时常会造成悲剧。

米：是的，直到 20 世纪 50 年代中期，妇女才组织起来，真正开始谈论这个问题。社会学家依芙利・苏勒洛特和医生玛丽－安德里・拉格鲁・威尔－哈利震惊于女性堕胎条件之恶劣，于是在 1956 年创立了“幸福的母亲”组织。她们发展理论，在国外订购避孕工具并实行堕胎手术。1960 年，她们成立了“法国计划生育运动”社会组织。当然这一切都是在地下进行的，但她们还是得到了很多人的支持，比如西蒙医生[①]。她们一家挨一家地做计划生育咨询，在厨房里进行堕胎手术……第一次公开的咨询活动是在 1961 年的格勒诺布尔市内。市政府采取了默许的态度。虽然这种做法仍是违法的，但已经放宽了许多。

① 于 2009 年去世。

妮：计划生育的目标更多是避孕，而不是堕胎吧？

米：没错。做好避孕很大程度上可以避免堕胎。避孕药是由美国生物学家格雷戈里·平卡斯于20世纪50年代末发明的。德国在1956年开始允许避孕药的使用，美国是在1960年。法国在1967年通过了《纳维尔特法令》，避孕从此合法化。虽然规定未成年人使用避孕药必须征得父母的同意，但这仍然标志着一个巨大的进步。不过并非所有女性都享有了这些权利，女权运动也出现了分歧。1969年，"妇女解放运动"（MLF）对堕胎权提出了明确的要求。1971年，一篇报道《343宣言》的开头是这样的："法国每年有100万妇女堕胎。为了保密，她们冒着巨大的风险……我宣布，我是其中之一，我堕过胎。"这些女性宣称，如果有人被起诉，她们要团结在一起，要建立一个组织负责辩护。在343个签名的人中，有波伏娃、凯瑟琳·德纳芙、弗兰西丝·法比安、安托瓦内特·福克、吉赛尔·艾里米、弗朗索瓦丝·萨冈、让娜·莫罗……这一运动可谓影响巨大！

妮：只有到那时，女权主义才形成了一股真正的反抗力量，一个群众性的运动吗？

米：是的，女性群体已经远远超过了过去女性主义的圈子。1972 年的博比尼案是一个新的转折点。吉赛尔·艾里米为一位 16 岁的女孩子玛丽－克莱尔·舍瓦利耶辩护，因为她在母亲的陪同下进行了堕胎。这位母亲和进行堕胎手术的女性也都被告上了法庭。络绎不绝的证人出席，指出法律不该只惩罚无法避孕也无法出国的贫穷女性。女孩子最终被无罪释放，其他两位女性都被判处了最轻的罪并缓期执行。从那时起，公众开始意识到 1920 年的法律已经不再适用，但堕胎仍然是违法的。1973 年，查尔斯·贝尔蒙特和玛丽埃尔·伊萨特尔合作拍摄的相关电影《A 的历史》也遭禁，但电影的拷贝还秘密流传了一年多。

妮：示威活动也在继续吗？

米：是的，博比尼案后出现了一次大型游行。1973年，出现了更加激进的"避孕及堕胎自由运动"。还催发了其他的运动，诸如"怒火中烧"和借鉴自美国"我们的身体，我们自己"的运动。那个时候，人们频繁交流、深刻反思，对历史学、社会学等人文科学产生了一定影响。人们用新的目光看待各种事物。1975年，标志着堕胎合法化的"韦伊法"最终得以通过。

妮：一场可怕的政治斗争终于接近了尾声！

米：西蒙娜·韦伊因此而被攻击和诋毁，反犹势力死灰复燃。但她坚持下来了。这部法律是吉斯卡尔·德斯坦总统现代化的愿景之一。西蒙娜·韦伊很早就开始关注女性的生活，她非常了解地下打胎的现状。为了平息反对的声音，她提出了一个五年的法律试行期。其实她心里也知道，迈出这一步后就不会再回到过去了。这部法律最终在密特朗总统任期内确定下来。后来，在妇女权益部部长伊维特·鲁迪的努力下，堕胎被纳入社保。然而由于医生可以遵循"良知条款"拒绝堕胎，所以即便在今天，想做堕胎手术的女性仍会在医院遇到很多阻力。

运动在继续

妮：一直以来被视为耻辱的堕胎终于取得了合法地位，这是大多数西方国家在20世纪70年代取得的进步（还没有在全世界得到普及，我们不能忘记世界上大多数女性的命运迥异）。女权主义者还要进行哪些斗争呢？

米：20世纪70年代，她们在争取堕胎合法化的同时，反对所有伤害女性身体的行为。她们争取让法律承认强奸是犯罪（包括婚内强奸，尽管该观点一直未得到承认），职场性侵犯也可以进行起诉。她们曝光家庭暴力，曝光女性在家庭中遭到的殴打和杀害。针对暴力的调查开始启动，收留被虐待妇女的场所已经建立起来。

妮：经过了几个世纪的斗争，女性终于取得了对自己身体的控制。在您看来，女性今天已经取得了“公民权”吗？

米：女性在历史中扮演着越来越重要的角色，但社会还亏欠她们许多。今天，个体能受到更多重视，一部分功劳属于女权主义。女权主义与民主、个体性，都是分不开的。虽然取得的进步是巨大的，但我认为法律和实践之间仍存在很大差距。接下来，西尔维娅·阿加辛斯基也会谈到，平等的诺言还未完全兑现。理论上，女性可以进入所有行业，但实际上，四分之三的女性从事的工作只占到所有行业的三分之一。不管是在政府部门还是私人企业，女性都很难晋升到决策部门。家务分担的情况也不容乐观。在艺术和创造领域，女性的数量就更少了。弗朗索瓦丝·埃希提耶也说过，当我们回首过去时站得足够远，就会发现两性差异一直以来都被当作一种阶级差异。男人，高女人一级；女人，低男人一等。我们已经改变了这一切吗？显然还没有！我们还有很长的路要走。女性的历史，还远未结束。

第三章

走向两性兼容

Troisième Partie

VERS UN MONDE MIXTE

第一节 重新思考

男性的哲学

妮科尔·巴沙朗（以下简称为“妮”）：经过女性争取被视作独立的个体、让社会听到自己声音的这段漫长旅程，我们来到了21世纪。今天，女性在社会中的地位如何？她们的未来又将怎样？女性能够或者想要在社会中扮演什么角色？在倡导两性平等的情况下，还可以建立一种“女性身份”吗？现在，让我们从哲学的角度审视两性的差异。

西尔维娅·阿加辛斯基（以下简称“西”）：有一点是肯定的，古典哲学中没有女性自由或两性平等的基础。男性中心主义占据着主导地位。在古希腊乃至距今更近的时代，懂科学、有学问、会思考的人，通通都是男性！这是一个不可辩驳的真理，甚至不需要立书为证。像我这样学习哲学的学生已在无意识中接受了这个似乎普遍的理由。

妮：哲学话语为何一直被男性掌控呢？

西：一切都始于古希腊和柏拉图。柏拉图的《会饮篇》是奠定哲学和哲学男性中心主义的一部作品。在关于爱的探讨中，柏拉图认为，可朽者通过爱的对象期盼永恒。在他看来，人有两种追求永恒的途径，分别代表着两个神：地上的爱神与天上的爱神。选择地上的爱神的人通过生育追寻永恒，所以他们爱的对象是女性。但柏拉图并不太尊崇人与动物共有的生育繁殖。他认为只有选择天上的爱神，选择对真理和智慧的爱，才意味着真正的永恒。在这种情况下，人与人之间的重要关系不再是男女之间的，而是师生之间的。柏拉图并不是在为今天意义上的同性恋辩护，而是把少男作为了爱的对象，因为他认为少男的灵魂更高贵，相比少女，他们更适合学习哲学。

妮：一个年轻的女哲学家如何在两个爱神之间进行选择呢？一边是不那么“高尚”的生育，一边是高贵但为少男准备的哲学？

西：这个问题很有意思。女人肯定不能位于圣人之列，只能回归女性的身体和母亲的角色。或者，如果她想成为一名哲学家,就必须放弃女性气质。就在不久前,我们还是这么认为的。男性哲学家站在男性的角度思考，是正常的，并不一定就是厌恶女性。哲学经典中没有突显男性特质，自然而然地同化了男人和人类这两个概念。这也是我们下文还会说到的“男性普适性”。哲学家伊曼努尔·列维纳斯则突出了男性化的符号，但这仅是个例外。一般而言，男性的思想以一种悄无声息的方式渗透到哲学中。所以，区分什么是一种考虑全人类的思想和什么是一种男女兼容的思想，就变得更重要了。女性要争取的，就是不用在知识和生育、书和孩子之间再做选择。

妮：您在阅读《会饮篇》时就开始进行这些思考了吗？

西：不，我最开始读《会饮篇》时完全没有考虑到我是女人这一事实。柏拉图在《理想国》中更加蔑视生育，他设想对男女进行挑选，让他们生出美丽、强壮、聪明的孩子——这是一种人类培育计划，勾勒出了极权主义优生学的图景。他拆解了家庭，牺牲了亲子关系。孩子要离开父母，城邦负责教育，妇女由男性共有。从此再也没有婚姻，没有男女之间和亲子之间的私人关系。但我还是会阅读这些哲学经典，也就是把自己代入作者的视角。在文学中进入男性视角并不是件坏事，甚至能从男性作者或男性角色眼中看到女性更多的样子。但在哲学中，就是另一回事了……随着时间的推移，我越来越能清楚地感受到，我的生活、作为女性的自然和社会身份以及我在校园里的“思考者”身份之间产生的缝隙。我慢慢意识到，哲学主要是由男性书写的。有些哲学家偏激的观点真是让我大开眼界，比如尼采和叔本华。但我也在阅读女性作家，尤其是在西蒙娜·德·波伏娃和伍尔夫的书中得到了启发。她们的女性视角改变了我的看法。于是我决定重新阅读其他经典：柏拉图、亚里士多德、康德、克尔凯郭尔、海德格尔……跳出他们的视角，充分意识到作者的男性甚至男性中心主义立场。把男性看作人类原型的男性中心主义，比把人类放在万物中心的人类中心主义还要古老。基督教思想将这两者合二为一，并对西方思想和哲学留下了深远的影响。从圣保罗到圣奥古斯丁，两性的不平等和等级差异不断加强：男人是在“上帝的荣光”下被创造出来的，重要的是灵魂；而女人是在“男人的荣光”下创造出来的，重要的是身体。[①] 上帝创造亚当和夏娃的神话起了重要作用。人

① 神学方面的两性差异研究见《性的形而上学：基督教的两性起源》，巴黎，瑟伊出版社，2005 年。

类是有灵的造物，亚当和耶稣都是上帝在人间的代表。而女人只是补足男人的一部分肉体。

异化的主妇

妮：波伏娃对您有什么影响？

西：我在读《第二性》时深受触动。波伏娃从历史入手进行深入分析，精彩地解释了为什么男人觉得作为男人就是正当，为什么女人意识到作为女人是“有错”的。我也看到了工作的重要性，工作是实现经济独立的条件。我对自己说：“如果连房租都付不起，那还谈什么自由！”波伏娃重新审视了所有关于女性角色、女性幸福和发展的言论，如果我们无法满足自己的需求，那就等于活在一个笼子里，不管是生锈的铁笼子还是金丝笼，终归都是笼子。与此同时，她在揭示家庭主妇被异化上所持的高傲态度让我无法苟同。她来自资产阶级上层社会，上层社会的女性生活相对无忧。但是贫穷的女性光抚养孩子就十分辛苦了。我深知我母亲的经历，也无法体会到波伏娃对这些“异化”妇女的鄙视。她认为她们的免费劳动是要受到谴责的，却不去抨击她们受到的不公待遇，厨娘、女佣、熨衣女工、裁缝、护士……各行各业都是如此。所以，我对她的这一观点持保留态度。显然，女性不工作赚钱就无法获得自由。对于战后的那一代人来说，这一点至关重要。

妮：1949 年，《第二性》出版时，波伏娃还没有参与女权运动。

西：确实。到 20 世纪 60 年代末，她还不认为自己是一个女权主义者。在她出版此书时，她认为女性已经赢得了胜利。女性已经拥有选举权，法律有所变动，观念开始慢慢解放，她就认为女权主义斗争已经属于过去。她不参与选举，也像多数左翼知识分子一样不参与民主党派政治活动。她认为，只有彻底的、革命性的经济变革才能解放家庭主妇。她认为社会主义变革可以改变女性的社会地位，而不是靠一场女权主义运动。然而到了 20 世纪 70 年代，她的观念发生了转变，并在《343 宣言》中签名。

妮：她的个人生活也经常被效仿，对您有何启发吗？

西：她的独立自由、表达的勇气和对哲学的热爱一直激励着我。我对她的声望没有任何怀疑。就像汉娜·阿伦特，波伏娃在文学和哲学方面是女性的榜样。过去虽然有女作家，但从未有过女哲学家。波伏娃是第一个打开哲学大门的女性。我很欣赏波伏娃与萨特这对伴侣。当时的我并不想结婚、组建家庭，也不想要孩子。现在的我已经不这么想了！

妮：波伏娃把这一切都拒之门外了。

西：她把以家庭为重的女性们远远甩在了后头。她曾说："我的身上集合了两个性别的优势。"这是真的。她从未停止发散女性魅力，而且在职业上也获得了成功。但她放弃了女性的一部分潜力和特质。她厌恶女性的身体和生育，她对自由的设想是男性化的，受到萨特主体观和厌恶肉体的影响。她认为，男性是积极的：他们战斗、制造、生产。女性应该要加入这个世界（不要质疑哲学中的主体概念）。诚然，波伏娃坚持认为性别差异无法抹除，或无法把女性置于性别之外。她批判了女性的社会和哲学身份，认同了男性的身份。

妮：您对她的思想有哪些认同和发展呢？

西：一方面，我在她开辟的这条强调个体自由的道路上继续前行。用萨特的话说，每个人都可以“走出自己的路”，不一定要有偶像。另一方面，我将解构个体或主体的性别中立性：性别会影响男性和女性的身份。性别的相异性对每个人都有影响，男性也是他者（每个人都是他人的他者）。传统观念的盲点在“人”本身，就像我们把实现自我满足当作理所当然一样，人的“中立性”和男性身份被等同了。真正需要反思的，是性别与生殖的关系，也就是与出生和死亡的关系。形而上学的男性主体希望由女性负责性和生死，以此否认自身的性和死亡，也就是肉身。精神分析学家已经对在男性构建中被隐去的肉身进行过研究[①]。想要改变女性在社会中的地位，当务之急是改变我们的思想体系。

① 参见莫妮克·施纳德，《阳性的谱系学》，巴黎，奥比尔出版社，“精神分析”丛书，2000年。

女教授

妮：让我们开始改变吧！但应该从哪里开始呢？如何改变这个世界呢？

西：我认为可以从我们使用的劳动工具——语言入手，从词语的阴阳性开始。这个问题在法语中尤为突出。要是一个词的阴阳性没有特别说明（比如复数名词），语法规则表示“阳性先于阴性”。

妮：我好像又看到了小时候语法书中的那个例子：男孩子们和女孩子们各拉着绳子的一端拔河，而女孩子那一队倒在了地上。

西：这个“先于”确实听来非常刺耳。对复数名词也就算了，但是称呼人的时候就不一样了。我承认我不是像伯努瓦特·格鲁一样，会质疑所有惯例的先驱者。我认为语法中阴阳性的历史是次要的。反而听到学生叫我“女教授”，我会觉得不习惯。我觉得背离扎根于语言中的习惯用法，会显得有些荒谬。我建议学生们叫我“教授女士”，“女士”已经足以体现一个人的性别。

无论如何,在我年轻的时候,我从未觉得被称呼为男性名词的“教授”有任何问题。

妮：是否反倒会有种满足感呢?

西：似乎有种下层阶级得到统治阶级的徽章时感受到的快乐。男性化的头衔一直以来都被认为是女性获取成功的证明。所以有些头衔用在女性身上就显得很赘余，例如“部长女士”。有些女性拒绝被称作“女律师”，可能是因为她从小梦想成为的是“律师”吧!

妮：您是什么时候改变看法的?

西：当我懂得要想自己的才华和能力得到认可，其实并不需要得到男性的头衔时。参加竞赛、拿到文凭、从事富有挑战的职业，就足够了。20 世纪 30 年代，第一批女性在航空领域脱颖而出后，当时的法兰西学术院（没有现在保守）就在字典中加入了表示阴性形式的“飞行员”一词。到了 20 世纪 50 年代，弗朗索瓦·莫里亚克在小说中使用了“大使”一词的阴性形式称呼女性。在此之前，阴性的“大使”一词虽存在，但指的是大使的妻子，就好像阴性的“市长”是指市长的妻子。

妮：后来的法兰西学术院变得更保守了吗？

西：为了称呼女性能担任的新职务，阴性的用法成为必要。我们开始使用“女部长”“女国务卿”“女代表”的称呼。但也有人坚持认为语言不能变，就好像语言是从天上掉下来的一样。1984年，法兰西学术院发表了由乔治·杜梅齐尔和克洛德·列维-斯特劳斯撰写的声明。声明肯定了“在法语和其他印欧语中，语法的阴阳性和实际指代的性别之间并不相关”。这远非像分辨人的性别或动物的公母一样简单。但语法学家并不赞同这个观点。显然，对于无生命的物体和想法而言，语法中的阴阳性与性别确实无关。但涉及人和职业时，语法的阴阳性怎么能和人的性别无关呢？

妮：法语中也有“女面包师”“女肉店老板”“女杂货商”……

西：是的，和德语一样。大部分有女性从事的职业的名称都有阴性形式。像“（女）秘书”一词就是阴性的，因为从事这个职业的多是女性。但没有“女国务卿”这种说法，因为很少有女性能做到这一职位。大部分由女性从事的职业都是阴性形式，比如护士、助产士、空姐、洗衣女工……也有根据性别区分阴阳性的情况，比如“歌手”和“舞者”。

妮：法兰西学术院的老先生们要怎么称呼进入他们中间的女性呢？“女院士”吗？

西：并不是。伯努瓦特·格鲁引用了发表于 1987 年写给“已故同僚玛格丽特·尤瑟纳尔”的讣告中的称呼。这符合那个时代的做法。虽然阳性并不意味着中性，不像列维 – 斯特劳斯所说的那样，阳性的用法扎根于男性中心逻辑之中。阳性并不只是先于阴性，还吞并了阴性。所以语言并不是中立的，语言体现了社会的价值观。这让我想起了列维 – 斯特劳斯在《忧郁的热带》中的一句话：“第二天，整个村子的人划着三十多艘独木舟离开了，独自留下我们和在废弃房屋里的妇女、儿童。”克洛迪娜 · 博杜在她的《性别歧视与人文科学》一书中分析道：“妇女和儿童都没有走，怎么能说整个村子的人都离开了呢？人类学家还和妇女儿童在一起，怎么能说是独自呢？妇女和儿童都在房屋里，怎么能说房屋被废弃了呢？难道把人都归入了男人的范畴？”但这一点并没有减少列维－斯特劳斯作品的重要性和人们对它的喜爱。

权力的性别

妮：男性具有普遍意义。那女性就意味着被排除在外吗？

西：是的。男人是普遍意义上的人，而女人是特殊的。不仅是特殊的、外来的，还是弱小的、低等的。说到职业名词的阴阳性，其实还关涉到权力。法兰西学术院院士马克·富马罗利认为语言不仅有阴阳性，还有公私之分。在他看来，性别属于私人领域。因为若是女人进入公共领域，她们不但能获得技能，还能获得“在语法上属于阳性的权威、责任和权力”。这个观点让我无言以对。

妮：结论就是，与女人有关的都在家里！

西：不过富马罗利接受了阴性的“小学教师”和“售货员”，他认为权力是阳性的，是因为权力机关是不具人格、无性别的实体，比如外交部、国务院等。他还说：“我们不会和这些实体或显示职位的头衔做爱。词语的阳性与更强势的性别并不相同。用阴性形式来称呼这个职位上的女性，就会剥夺词汇本身的非人格化和客观性。我们就会离开公共领域，踏入私人或半私人领域，就离通俗喜剧不远了。”①

妮：真是过分！

西：虽然如此，但马克·富马罗利认为权力是非人格化的，专业或政治性的权威是没有性别的，这一点我是赞成的。但行使这项权力的人不是中性的。虽然法语中没有中性词，但如果用阳性的职位指代一位女士，我们就会自然而然地认为这是一位男士。接受“小学女教师”这个称呼，不会有损职业的权威，

① 马克·富马罗利，《致法兰西学术院守护者、共和国总统先生》。

也不会涉及私人领域。问题就在于缺少中性形式。使用普遍意义上的阳性或中性词，可以避免复杂又无意义的区分，比如“读者”“出租人”“买家”……还有一些阳性词确实是中性的，叫作共性名词，也有阴性形式的中性词。我们没理由拒绝使用这些词汇，更何况有些词无法变成阴性。但除了这些情况之外，在不破坏语言的前提下，词语的阴阳性应该要与人的性别对应起来。还有一种有趣的做法，在单词前面的冠词上体现阴阳性，这样就可以在不改变单词阴阳性的情况下，改变语法上的阴阳性。过去有些阳性的单词，如今既可以是阳性，也可以是阴性。说明语言是活的，要随着社会一起发展。

妮：但如果遵循传统的论调，女性只有在妻子、情人、母亲的身份下才完全是女性。进入公共领域的女性就要变得男性化，至少是中性一点儿。

西：事实上，过去的公共领域不是中性的，而是男性化的。拿政治领域来说，男性从来都没有被要求抹去男性气质。社会、审美、服饰中的男性特征和男性的语言习惯都被认为是合理的。而社会学家所说的“男性精神气质”与男性占大多数的环境是融合在一起的。这正是解构工作有必要开展的地方。自第三共和国以来，男性的姿态和语气就是英雄主义式的、激烈的，拍桌挥拳、声大如雷……女性出现在这种环境中，看上去是格格不入的。女性应该创造出她们在公共场合发言的方式。过去典型的女性形象不再适用于从政的女性。在议会、企业等各个领域，新的女性形象正在逐渐形成。

创造差异性

妮：我们知道了语言并不是中立的。但除了语言，外形——身体、穿着、姿态——也要被“解构”吗？过去典型的女性形象在这方面也已经过时了吗？女性变得更加健美，着装的情况也变得更多……

西：我们能明显感觉到在着装和身体形态上，男女身体方面的差距在逐渐缩小。在20世纪40年代的西方，一个穿着牛仔裤和格子衬衫的女孩儿会被指责穿得像个男人！此外，开始节育的西方女性与其他还不能掌控自己身体的女性之间在身体上有较大的不同。我记得之前去摩洛哥南部旅行时，看到几位穿着长袍、身材丰满的女性，她们抱着孩子慢慢前行；而路的另一边，几位身材苗条的西方女性穿着长裤，开着四轮驱动车。显然，身体的演变在世界范围内并不同步。男性和女性的身体都有其历史发展。女性开始参加体育运动、竞赛，是改变女性身体、日常着装和姿态的一个重要因素。

妮：但性别的差异并没有消失。现在的两性差异有什么表现形式呢？

西：无关生育而只讲纯粹的性别差异是没有意义的。因为生育需要进行竞争，就连细胞结合也要竞争，所以才出现了两性身体的差异。虽然异性夫妻对生育而言是必不可少的，但生育与外表、社会角色、伦理道德没有直接联系，甚至和爱情与性也没有必然联系。虽然说不同的性别是生育的基础，但并不是爱的必要条件。一旦离开生育这个特定领域，我们就会看到社会中性别差异具有的丰富内涵。

妮：所以是文化造就了男女吗？

西：是的。当然还有一些孩子很早就会察觉到的因素，比如声音语调。男生在青春期会变声。孩子也会注意到青春期女生的乳房会发育、怀孕的妇女肚子会变大。两性的自然差异是两性社会差异的基础。人生下来不是男就是女，当然也有雌雄同体的情况。而后社会将这种性别差异扩大。在玛丽莲·梦露主演的电影《热情如火》中，杰克·莱蒙看到火车站台上脚踩细高跟、身姿摇曳的梦露时，不禁感叹："真是完全不同的另一个性别的人。"

妮：衣服、姿态、艺术都是社会性别的表现吗？

西：是的。毕竟女性不是生下来就穿着细高跟或缠裹脚布的。重要的是女性想要如何展现自己。在 20 世纪 80 年代，在企业担任要职的女性身穿宽肩、线条硬朗的衣服，以展示威严。今天，她们会选择勾勒身体曲线的毛衫和短裙。在现实生活中，我们可以看到穿男性化服装的女模特。“无性别”着装在某些领域特别流行，特别是运动领域。因为滑雪看重的是技巧和动作的自由度，所以男女的服装没有太大区别。而女性参加晚宴时化妆、戴珠宝、穿低领的礼服，重新展现女性特质。因而根据场合的不同，女性可以创造出属于她们的形象气质。

妮：两性差异是不会固定的吗？

西：对男女来说，都没有一个固定的模式。这种差异会有区别，但不是高低的区分。并没有一个终极的真理藏在文化背后，可以告诉我们这就是男女之间的差异。不仅这一方面体现了两性差异，还会有其他各种方面。差异永远都会存在，但也处在无止境的变化中。

女人的身体

妮：哲学是否很少讨论身体，尤其是女性的身体？

西：这是个比较复杂的问题。哲学对男女的身体有不同的看法。男性的身体是自傲的、好战的，是可以用武力和技术征服世界的。这不仅仅是一具肉体，还是可以被牺牲的躯干。“冒着生命危险”是一种备受推崇的男性英雄主义。而古典哲学贬低了女性的身体价值，把女性的身体看成一具培育和保护生命的肉体，几乎到了动物层面。在这种传统中，男人不是动物，但女人就有点儿类似动物了。更确切地说，古希腊哲学和基督教神学在智力与情感、灵与肉的对立之上，建构出了性别的二元性。这就是我说的“两性角色分配”：男人是精神，女人是肉体。我们不能简单地把肉体赋予男人，把精神赋予女人，即便这有助于模糊两性之间的等级差异。我们要更彻底地质疑肉体和精神的二元对立。另外，分娩不能再被当作一种义务，而应该是一种权利。

妮：要如何才能做到这一点呢？还要防止再次把女性禁锢在母亲这个唯一被看重的角色里。

西：现在到了让哲学重新思考生育和母性的时刻了。诚然，所有文化都认为女性比男性低一等，但母亲又是必不可少的。这种对母亲价值的推崇伴随着对女性的禁令和奴役，必然引起女权主义者对生育的合理反抗。但是，这不意味着要把婴儿淹死。既然女性已经拥有了避孕和堕胎的权利，那就可以从女性的角度重新审视生育，把它视为女性的一种权利。解放生育不是拒绝它，而是掌控它。

妮：哲学对非物质世界的关注是不是男性特质的体现？这也能解释为什么哲学对母性缺乏思考。

西：换句话说，性别的不同是否会导致思考方式的不同？这是一个比较难的问题。我们可以将这个问题放在宗教的范畴内思考。宗教试图抹去肉体，并且宗教一直以来都是属于男性的事务。现在教堂中的女性越来越多，但在宗教中担任要职的依然是男性。在所有一神教中，女性过去是，现在也还是被排斥在神权之外（举行仪式、解读宗教经典等）。到目前为止，女性的历史是在男性垄断精神、知识和政治下的产物。女性负责生育，但不负责教育。

妮：对女性生理特质的一些看法是否也要改观呢，比如对月经的看法？

西：事情在变化，医学已经在很大程度上纠正了女性对月经、年龄的一些错误看法。要消除对女性身体的耻辱感，认定女性生理的特殊性是正常的，并且得到整个社会的认可。举个例子，月经和嗓音之间存在一种关联。在经期的某些时刻，声带会比较虚弱，嗓音会变得低沉。女歌唱家有时不会在某些特定的日子唱歌。不要认为这是羞耻的事，然后假装不存在，而应该自觉地接受它。女性没必要接受这种对自身的贬低。又为什么非得违背自然强行统一男女的标准呢？毕竟，女性和男性本来就是不一样的。

妮：这种“强行统一”其实离现在并不遥远。女性在公开场合谈论比较隐秘的问题也还没有很久的时间。

西：从 20 世纪 70 年代开始，女性探索与身体的关系变得很有必要，她们认识到女性身体的特殊性，并且不再为此感到羞耻。月经也并不是一种荣耀或特权。这只是一件很正常的事。她们也并不想推崇一个理想化的女性身体。这种观念已经过时。现在的女性毫不顾忌地展示怀孕的模样，就算曾经隐瞒怀孕的女演员如今也可以大方公开，因为在过去怀孕的身体是不符合审美标准的。这是一个好的转变。

妮：因此要重新思考精神与物质、灵魂与身体之间的关系了吗？

西：是的，就像主动与被动的关系。这些概念的等级差异与两性的等级差异之间存在相关性。女性只有通过一步步瓦解男性中心主义，才能摆脱“男人是普遍，女人是特殊”的这个逻辑。永远不要忘了这种抽象的普遍主义，以全人类为借口，拒绝考虑性别，但实际上是将人类定义为了男性。女性也可以做同样的事。女性中心主义者也可以说：“人类本质上是女性化的。看看这些奇怪的生物，他们没有乳房，也不会生孩子，和我们相比简直就有缺陷！”真正的普遍，意味着求同存异。我们可以各属于一种性别，但性别之外，又可以是相似的。

妮：所以不像很多美国女权主义者所宣扬的，女性不是要捍卫和保护的少数群体吗？她们看到女性在权力体系中的弱势地位，就将女性同化为弱势群体……

西：这是我在美国经常会遇到的辩论。美国女权主义者批判抽象的普遍主义幻想，在这种幻想中，性别被个体或主体的中立性所消解。事实上，这种中立性对打击性别歧视没有任何帮助。性别歧视和种族中心主义有着相同的逻辑。如果说女性的从属地位具有特殊的历史和文化形式，但它实际上又是普遍存在的。女性与其他少数群体都有得到认可和尊重的需求。但女性并不是少数群体，女性是人类的一种普遍形式。这就是为什么女性并不属于差异主义和社群主义。人都是有性别的。性别的普遍差异性才是我们应该重视的，而且这种差异性并没有高低之分。

双 性

妮：在思想领域，需要解构男性中心主义的应该不止哲学吧？

西：很多学科都需要如此。女性在众多领域取得了丰富的成果。在法国的人类学中，弗朗索瓦丝·埃希提耶的工作至关重要。在政治学方面，不得不提布兰迪恩·克里格尔。历史学方面，米歇尔·佩罗、妮科尔·洛罗对古希腊女性地位的研究，阿莱特·法尔热对18世纪家庭关系的研究……女性精神分析学家也有很大的贡献。弗洛伊德和拉康开辟了性别研究的新道路，但他们并没有避开阳具中心论：性是阴茎。弗洛伊德认为男女的解剖学差异源于一种缺失的逻辑。“他者”是没有阴茎之人。但不管他怎么说，女性的乳房相比男性的阴茎要明显得多。我无法理解的是，他竟会设想一个小女孩儿会因为没有阴茎而失落。卡伦·霍妮是最早质疑弗洛伊德此学说的女性精神分析学家。梅兰妮·克莱因、安娜·弗洛伊德、茱莉亚·克里斯蒂娃都为改变精神分析学的理论和实践做出了贡献。

妮：您有没有深入艺术史继续解构男性中心主义呢？

西：我研究了与绘画、摄影、电影相关的一些问题，并继续关注到了图像、相似性和继承的理论。对相似性的解读总会联系到父子传承上。我在艺术史中也发现了对女性价值的贬低。例如，当线条被认为是绘画的本质时，线条是男性化的，颜色是女性化的。当颜色超越线条时，马蒂斯说道："颜色是绘画男性的一面；线条是女性的一面。"

妮：文学上是否有男性文学或女性文学？

西：我想应该有主流文学和二流文学的划分。像科莱特、伍尔夫、娜塔丽·萨洛特这些大作家，她们的作品会流露出女性的气息，我们可以感知到作者是女性。就像蒙泰朗、让·热内、加缪、萨特，他们的视角明显就是男性。在很多情况下，作者的性别可以在作品中感知到，而丝毫不会削弱作品本身的普遍性。那些男性写就的伟大作品，在我看来可不是由无性别的人写出来的。科莱特作品的深度、细腻和美，具有女性化的风格和普遍性。说到底，最吸引人的特质是两者的混合。我还是要举科莱特为例。没人比她更有女人味，但她身上同时又具有一股男性气质。她的想象、幻想、渴望是双性的。

第二节 构建均等

拥有野心的权利

妮：对于男生和女生来说，学校是他们接触社会的开始。今天，法国都是男女同校，所有学科都接纳女生。虽然如此，某些专业里的女生还是偏少。是因为缺乏兴趣，还是害怕竞争呢？

西：女生在学校的表现很好。在法国，一个相同年龄层的女性中，接受高等教育的占51%，而男性的比例是37%。不过，大学中选择理科专业的女生确实较少，而科学在法国又是很被看好的专业。而在德国，法律专业更热门，女生的数量也比男生少。我们自然就会想知道女学生选择专业的标准是什么。有些人想在大学继续深入学习高中喜欢的学科，比如语言、历史。但多数学科是高中没有开设的，比如法律、医学，选择这些专业更多是出于职业的考虑。所以，她们考虑到了将来要承担的社会角色，而对责任和权利仍会感到不安。

妮：她们的选择也会受到家庭出身的影响吧？

西：是的，这和性别一样是关键因素。首先在对专业和职业的认识上，出身不好的孩子掌握的信息量就更少。对女生来说，父母，尤其是父亲，对她们的发展有很关键的作用。很多事业成功的女性都认为，自己的成功和父亲的教导密不可分。首位登上月球的法国女飞行员克洛迪·艾涅尔就曾说，她的家人全力支持她的学习和选择，让她感觉自己的选择是完全正当的。相反，如果女性做一件事的正当性还要进行争取，那她们就会感觉到不受重视。我经常会鼓励一些给自己的目标设限，但本身非常优秀的女学生。只要主流观点认为，女性重要的不是事业，只要一个女生认为职业的发展会阻碍她所设想的个人生活，那她可能就会选择收敛起野心。

妮：男生就不会考虑到职业选择对将来成为父亲的影响。

西：没错。但在我看来，女性并不一定就处于不利的地位。她们在公共生活和私人生活之间寻求平衡，并且重视情感关系是有道理的。社会由有血有肉的人类组成，而人都有情感和理智。所以，男性要是能多方面考虑也挺好的，不需要一味指责女性顾及各个方面。

妮：在这种情况下，如何鼓励女生发展自己的才能呢？

西：让每个孩子从小就接受这方面的教育，不仅在知识层面，还有自我认知层面。这种教育要做到真正的男女平等，要让孩子知道，不管什么性别，未来的每一扇门都是敞开的。女孩儿可以选择任何一门学科，可以拥有野心，或者没有野心。因为野心有各种形式，由自己决定。

娃娃和汽车

妮：男女混合制教育意味着让男生学刺绣吗？我可没开玩笑啊，有些人确实这么认为。

西：但现在学校已经不教针线活了吧！正经地说，女性从拒绝服从男性，会发展到想让男性变得像她们吗？或者与男性同化？我不知道。我们是很难去理解另一个性别的。最好就是去接受。每个个体也是很难懂的。

妮：男女的不同喜好完全是教育的结果，所以您不这么认为吗？

西：这是艾琳娜·吉亚尼尼·贝洛蒂在《在小女孩儿们身边》一书中的论点。我认为人的喜好和行为是受到童年影响的，这些影响包括父母的期待、玩的玩具、读的书……我们必须承认两性之间存在差异，但没必要加强和放大它。也没必要一定要把娃娃给小女孩儿，把汽车给小男孩儿（我和姐姐小时候收到妈妈给的电动小火车也很开心）。但是女孩儿喜欢在课间跳绳，也没有人要求她们这么做。或许有人会说这是一种传统，但这种再现本身就足够神秘了。

妮：男女同校就一定好吗？美国的教育工作者就发现，在这种情况下，女生会自觉退缩。他们认为女子学校更有利于女生培养自信。

西：20 世纪 70 年代，男女同校被认为是最好的模式。从那以后，我们也想过这个模式有什么缺点。课外，男生的暴力事件时有发生；课内，男生的过度自信可能会让女生退缩。她们可能会产生“我不够自信、坚定，所以我应该没有那么优秀”的想法。另外，男女之间的情感问题可能会阻碍学习。这些观点不容忽视。我读的是女校，我知道优秀的女性是我们的榜样。她们不同于电影和杂志上的女性形象，她们的学识和气场让我们印象深刻。而且，同性之间竞争内心的顾虑会更少。

妮：但您还是更支持男女同校？

西：当然。社会就是男女共存的，男女之间产生冲突也好过分离。教师团队也是一样，男女都有好过只有女老师。男女之间接触得多了，关系就会更自然，对异性的不必要幻想也会减少。

自然倾向

妮：除了师生性别外，还有课程的融合。男生一般都喜欢机械和发动机，女生就不一样吧？

西：我也无法回答这个问题，因为我一直都很喜欢技术。我刚成年的时候就考取了驾驶证，然后就迷上了机械和电脑。机械中有些非常有趣的东西，可以满足人的控制欲。总之，还是要警惕对性别在喜好方面的划分，要注意保护个体的独特性。

妮：专业或职位的选拔方式是不是也要改变呢？男生会在这方面更占优势吗？

西：学业考试和招聘考试的选拔标准自然都会遵循专业和职业的传统。一个偏男性化的职位会更加注重竞争意识，偏女性化的职位则更看重交流和倾听的能力，不过这些能力在只有男性担任的职业中也受到重视。为什么女性的学习成绩和职场上的表现之间存在差距呢？我觉得有一个原因是女性无法适应更强调男性化表现的工作环境。这也解释了女性在男女兼容的环境中更游刃有余的原因，她们更容易发挥出自己的价值。当然这都是假设。无论如何，习惯和传统都已经形成，这些历史的产物注定要发生改变。

妮：有时我们会认为，要是女性加入了一个都是男性的团队，会引发不适和压力。

西：我觉得更有必要分析在只有男性的群体中存在哪些危险倾向。塞巴斯蒂安·哈夫纳在他的学生生涯中观察到了危险的“兄弟义气”。法律专业毕业后，他加入了一个纳粹训练营，看到了其中为消除个人特性和责任而出现的可怕的“兄弟情”。在他看来，集体感就像麻醉剂一般，“杀死”了个人意识和每个人独立思考的能力。到了晚上，住在一个寝室里的人都会讲一些侮辱女性的黄段子。普遍来说，“只要一个人做了别人都做的事，那不管什么事，他都认为自己可以得到宽恕”[1]。圣奥古斯丁的《忏悔录》中出现过相似的观点。而女性则没有类似的经历，就算她们曾经也进入了类似于集中营这样野蛮的集体环境中。

① 塞巴斯蒂安·哈夫纳，《一个德国人的故事：1914—1933年回忆录》，法文版译者布丽吉特·埃贝尔，阿尔勒，南方文献出版社，“巴别塔”丛书，2004年。

我并无意将女性理想化，但女性确实不像男人那么“社群主义”。黑格尔认为女性就如安提戈涅[①]一样，是对“共同体的讽刺”。

妮：在如今相对更好的社会环境中，企业管理层中的女性只占17%，而女性在就业人口中占了47%。您赞成董事会中为女性设定配额吗？

西：是的。男性一直以来都是性别歧视的受益方，现在我们要扭转这一局面，为女性争取利益，至少要做到消除性别歧视。

① 安提戈涅，古希腊悲剧《安提戈涅》中的女主人公，被塑造成维护自然法，而不向世俗权势低头的伟大女英雄形象。——编者注

天生擅长洗碗

妮：为了让女性更好地追求事业，主要还是由女性负担的家务劳动是不是也应该做出相应的改变呢？

西：我们现在离家务平等分工还很远。波伏娃呼吁女性摆脱束缚，鼓励她们出去工作，但其实妇女早就已经在农田和工厂里工作了。她们乐于出门工作，但晚上回到家，等待她们的还有一堆家务。即便在今天，如果请了家政阿姨，妻子依然习惯称呼她为“帮我做家务的人”，而不是“帮我们做家务的人”。

妮：要想改变这一切，要从哪里入手呢？通过教育吗？但父母对儿子和女儿的教育原本就不一样啊。

西：影响因素不仅有父母的意愿，还有在传承中形成的无意识心理。我们继承了这种模式，又在无意识中复制了它，教育方式和生活方式都受此影响。母亲其实能意识到对待儿子和女儿不一样的方式，比如会更自然地使唤女儿洗碗。但是谁说女人天生更擅长洗碗呢！要想改变下一代，我们必须从自己做起。根据有些调查显示，男性最常做的家务活是倒垃圾和开瓶盖。

为什么是倒垃圾？很简单，因为很快就能做完。男人更不愿意做耗时久又乏味的家务活。

妮：有数据显示，在法国，有80%的家庭由女性负责熨烫衣服，有70%的家庭由女性负责做饭……

西：女性负责了大部分传统意义上的劳动，无论是家务活，还是像照顾孩子等更复杂的工作。所以，家庭和工作、主内和主外、私人和职业种种关系都需要进行重组。我们需要女性经济学家，因为经济领域和经济理论也都是从男性视角出发的。和政治组织一样，经济机构也没有重视女性的家务劳动。即使是有偿劳动，也存在同样的问题。直到今天，同一职位的女性平均工资要比男性低25%。长期以来，人们一直认为家庭妇女"不工作"。她们的免费劳动被认为是"天生"的，不属于经济活动。而事实上，她们的工作为家庭服务。虽然因为科学的进步，家务劳动的工作量已经大大减少。

妮：多亏了家用电器？

西：正是！但尽管如此，家庭生活的很大一部分还是有赖于女性的奉献。要想改变这种情况，就必须动摇男性的地位。不管是在专业领域还是私人领域，男性的生活方式都要改变。社会学有时会忽略这方面的问题。社会学家吉勒·利波维茨基没有给予女性在职业表现上不如男性这个问题足够的重视。而他对男人一直不改变习惯并不吃惊。他认为"男性的领导力不会因为父亲的角色而有所牺牲"。他错了，父亲经常也要做出很多牺牲，而且他也没考虑到男性的角色会发生改变。那在这种情况下，母亲的角色怎么可能有所改变呢？挪威的一次社会学研讨会上提出了一个问题："如何在成为父亲和工作中找到平衡？"提出这个问题本身就是革命性的。

顾家的女人

妮：家庭里总是需要有个顾家的女人吗？

西：我记得在刚刚当老师的时候，我经常想：如果我家里有个女人，她可以替我去买菜、做饭、洗衣服……那我就可以把更多精力花在我的工作上……即便是在偏向女性的教育行业中，也总是男教师负责高年级或者难度较大的课程，而女教师倾向于教工作相对轻松的低年级，这样晚上可以有更多时间照顾家庭。

妮：在更富裕的家庭里，确实总有一个“顾家的女人”，但不是家里的母亲。

西：在这样的家庭中，往往会雇佣保洁阿姨和保姆完成一部分家务劳动，还有一部分工作则交给了外面的干洗店和餐厅。这说明，几个世纪以来女性义务完成的家务劳动，其实需要结合多项专业技能。波伏娃认为家务劳动是愚蠢且束缚的，就好像外面的工作都是光鲜亮丽的。她想到的是知识分子和艺术家的生活，而不是超市收银员的生活。相比收银员，熨烫衣服会更愚蠢，还是更令人瞧不起呢？成为儿科护士就是有价值的，在家照顾孩子就贬值了吗？我们必须摒弃这种悖论，不是所有在家完成的工作都没有价值。我说这些不是鼓吹女性“回归家庭”，只是想要强调虚伪地抬高母亲的角色地位和社会对家务劳动的贬低之间的这个矛盾。重点就是，所有的工作都有社会价值，而且教育孩子应该要夫妻共同分担。

妮：但对于保洁阿姨等家政人员来说，她们每天还是要做两份工作，因为她们家里没有人帮忙。家务活就像一个被甩来甩去的包袱，男人甩给女人，有钱的女人甩给没钱的女人……

西：是的，这变成了一个社会阶级问题，而不是性别问题了。或许可以摘下这些工作上贴着的“家务”标签，把它们变成和其他工作一样有价值的职业。

教育的时间

妮： 除了严格意义上的家务劳动外，还有一个大问题。父母亲都需要工作的时候，谁来照顾和教育孩子呢？

西： 我好像并没有能力回答这个问题，但这确实是整个社会的问题。儿童教育至关重要，它是社会、经济和文化发展的诉求。要是我们抽不出时间教育孩子，后果是不堪设想的。围绕这个问题的一切都必须重新考量，要知道整个社会都负有养育孩子的责任。不能因为女性生育孩子，就认为她们在职业上受到了限制。一个没有孩子的社会是怎么样的？又能如何发展？孩子不应该成为女性的个人问题。

妮： 重新打造您所设想的体系，需要许多积极主动的女性共同参与进来。

西： 这需要公共和个人层面的协作。在公司设立托儿所、实行育儿假……法国虽然缺乏托儿所，但与邻国相比要领先。德国在学习法国的模式前，还一直回响着“Kinder，Kirche，Küche”（孩子、教堂、厨房）的口号。此外，学校的放学时间一般是下午三点，导致女性完全分为两派：一派为了事业放弃了生育，另一派成为母亲而被迫放弃了个人的独立。

妮：要想解决儿童教育这个问题，不能只依靠公共层面。

西：这还涉及文化层面上的传承。教育可不只是把孩子喂饱和照顾好，还要向孩子传递道德价值观，与他们一起运动、散步、旅行。父母真的愿意舍弃这一切吗？

平等权利

妮：女性争取经济权利已经很难了，而争取政治权利更是难上加难。我知道您一直在坚定地捍卫两性平等的法律。您认为，权利平等的原则还不够充分吗？

西：让我们来看看这些数字。1945 年，当女性获得选举权和被选举权时，国民议会中有 5.6% 的女性议员；1993 年，这个数字是 6.1%……在 1997 年，社会党为女性预留了 28% 的席位，而实际当选的女性只占10.9%。在女性争取到政治权利五十多年后，法律的制定仍由男性占90%的议会决定。法国在这方面落后于其他欧洲国家，纵然有些国家比法国更大男子主义。显然，我们还有很多事情没做到。权利平等的原则并没有阻止男性垄断权力。而要想改变这种垄断，就要首先了解它的根基。

妮：有些人说，公民不应该有性别、种族和宗教之分。您认同这种观点吗?

西：我首先想说，性别差异和种族、宗教的差异是不能相提并论的。种族是一种伪科学的建构，为了把人固化在一种自然身份中。[1] 宗教是由人共同的信仰和实践构成的，是解释世界、人存在的意义和性别的一种方式。而性别是基于人类学的划分，人类都是生物，会经历出生、死亡和繁殖。因而性别是具有普遍意义的，或者也可以从繁殖的角度说是自然的，性别对文化与文明的发展有决定意义。所有的文化和文明（比如死亡、衰老和童年）又对性别进行解读。回到公民的概念上，回溯公民

① 参见莫里斯·奥伦德，《种族无历史》，巴黎，瑟伊出版社，2009年。

形成的历史。从古代到现代，民主首先是一种政治制度，是只有男性公民组成的城邦体制，是一个“父系”社会。公民社会的民主平等建立在男性平等的基础上。

妮：1835 年，当阿历克西·德·托克维尔在写作《论美国的民主》时，肯定不会想到在家庭生活中受男人支配的女性，有一天也会获得公民权……

西：托克维尔钦佩美国人的智慧，他们已经设定好“两性各自的行动路线，并且两性都要以同样的步伐前进，但在路径上完全不同。你看不到美国女性管理家庭以外的事务，进行买卖，或涉足政治”。托克维尔并非更讨厌女性，他只是客观地描述了民主。同样，法国也拒绝赋予女性选举权，理由是只有男性公民才有资格选举国家的代表。而女性之所以缺席政治领域，根源还是在私人领域从属男性的地位。让女性成为与男性一样的公民，就与男性在婚姻关系中的权威完全背道而驰。所以，1846 年出现、1901 年又重提的只有单身女性和丧偶女性才拥有投票权的观点才会产生！女性在家庭生活中的从属地位，后在拿破仑时期又被《民法典》强化，这是女性被排除在公共领域和政治民主生活之外的关键因素。

妮：女性获得平等的权利后，在政治舞台上找到自己的一席之地也并不容易。均等的出现会威胁到法国的普遍主义吗？

西：这是一种欺骗性的普遍主义，实际上将人类归为了一种性别——男性。这是对男性有益的性别歧视。有些人还会将之称为“无差别主义”，即认为存在中立的公民，但其实只是对男性中立性的老调重弹，体现了男性对权力的垄断。等到普遍主义不再只局限于男性，也将女性包含其中时，就有必要重新思考民主与女性的关系，改变男性对权力的垄断。但还有一个条件，承认女性不是一个特殊的社群（不是以宗教、语言、文化或地区来划分的群体），而是人类的一部分，和男性一起构成了人类的全部。等到所有男人和女人都能行使国家权力时，就没必要再附加任何限定词了，因为没有一个人是被排除在外的。

妮：在伊丽莎白·巴丹德看来，差异从来不是“包括在内”的理由。女性因为性别而被“排除在外”后，终于又被作为女性，而不是普遍的主体接纳了。

西：把女性包括在中立的普遍性之中（既不是男人也不是女人）其实是一个古老的观点，圣保罗早就已经说过上帝面前人人平等（“再也没有犹太人或希腊人，再也没有奴隶或自由人，再也没有男人或女人”）。但要知道，这种平等是在神的面前，并不是在家庭或社会中。我在《性的形而上学》中分析了基督教普遍主义中这一关键的历史时刻。不过后来，性别的“中立性”，在其抽象的外表之下，通过抵消一方而使另一方获益。为什么呢？因为无论是在古代思想还是在基督教思想中，两性差异其实就是女性和男性原型的不同。女性是男性衍生的结果，无论是古希腊传说还是亚当的故事都围绕着男性展开。只有认识到这种独特的男性神话叙事的起源，我们才能理解两性差异中的男性中心主义结构，以及女性被消减为肉体的原因。

妮：从那时起，女性开始不同于男性？

西：在男女关系的历史中，一个还没有性别之分却拥有男性气质的人类形象先于女性出现。所以才出现女性是特殊的这种矛盾的说法。而男性从不会认为自己是特殊的，男性不与任何人有差异，他就是（既有男性气质又中性的）人类。这种最初的男性气质的中性，解释了为什么每当我们试图消除性别的差异时，总会回归到这个男性原型上。正因如此，女性说“我们不是不同的”就像在说“我们和其他人一样都是人类，我们都源自同样的人类原型”。这也解释了为什么摧毁这个想象，就等于摧毁了人类是中性或无性别之分的幻想。人类普遍都有性别差异，正如《创世纪》中的第一个故事：上帝创造了“男人和女人”。所以只有这个差异是双边性的，“男性气质”也是和“女性气质”同等的限定词。就在最近，我还收到过一个关于这个问题的采访：“女性在哪些方面不同于男性？”但从来没有人会问“男性在哪些方面不同于女性”。由于神话还未被摧毁，所以我们仍然受困于这种想象：因为男人是模仿上帝的形象创造出来的，所以男人代表着精神；因为女人是为了给男人繁殖后代而创造出来的，所以女人代表着身体。要知道这些根源，才能真正读懂当今的各种说法。

均等和分享

妮：让我们再谈谈法国的均等改革进程。法国一开始是欧洲的吊车尾，但后来至少在立法上取得了很大的进步。

西：历史的进程并非一帆风顺。法国女性确实做到了让世人震惊。1996年，包括西蒙娜·韦伊、伊维特·鲁迪、卡特琳娜·塔斯卡、米歇尔·巴尔扎什、埃迪特·克勒松等在内的政治女性联名签署了一份“平等宣言”。1999年，“法律保障男女拥有平等的被选举权和承担平等的选举职责”被写入《宪法》第三条。《宪法》没有设立均等原则，因为时任总统的希拉克拒绝使用“均等”一词，但保障了均等的推进。2000年通过的法律对（市镇议会、大区议会、参议院、欧洲议会以及科西嘉岛议会）的名单投票选举做出了要求，政党的候选人名单必须遵循交替原则（也就是说，男女候选人穿插排列）。在居民人口多于三千五百人的市镇，候选人名单以六人为一组，每组的男女人数必须均等，也就是说每六名候选人中要有三名女性。这是为了避免女性候选人被放在名单最后，当选的机会大大减少。不符合要求的名单视为作废。地区性的选举结果出乎意料：2005年当选的地区议员中女议员占到47.6%，2010年增长到48%。

妮：但在国民议会和省议会的单名投票选举中，这个数据还不是这么光鲜。

西：确实。法律规定，不遵守平等原则的政党会受到经济制裁，国家的财政援助会依据法律相应减少。不仅要看候选人中女性的数量，还要看实际当选的女性人数，因为有的政党可能会在不利的选区安排大量女性候选人。很多时候，政党宁愿支付罚款也不愿意让更多女性候选人参与选举。2007 年，国民议会中的女议员只占 18.5%。根据“法国性别平等观察所”的统计，法国的这一数据位于尼加拉瓜和赤道几内亚之间。右翼政党的情况要比左翼更严峻：2007 年当选的社会党议员中有 25.6% 是女性，而人民运动联盟（UMP）中女性只有 14.5%。在省议会选举中（也是单名投票制），只有 12% 的女性当选。议员选举制度的改革可能会威胁到女性，因为 80% 的议员将由单名投票方式选出，只有 20% 依据名单投票方式。

妮：从这点看，好像在朝着参议院的方向变化。

西：然而参议员中只有 22% 的女性。总之，政党仍不愿意向女性敞开大门。但女性已经做好准备，选民们也愿意把票投给女性，他们已经能接受女性担任更高的职位。我们应该还记得，2007 年总统大选时，女性候选人进入了大选的第二轮。女性在政府部门也开始担任重要的部长职务（司法部、社会事务部、内务部、国防部、外交部、经济和金融部等）。但我们还是不能放松警惕，应该继续施压。

妮：不同于支持普遍主义的倡导者，还有些人认为这场推进平等的运动没有聆听其他少数群体的诉求。

西：由于种族、宗教、性取向、身体或精神的残疾，甚至年龄或外貌的原因，总会有一些群体遭到隐秘的歧视。国家要和这些歧视斗争，但对女性的歧视不能和对少数群体的歧视搞混了。女性占了人类的一半，这种性别歧视可以说是跨越所有文明的、广泛的歧视。我并不反对这种对多样性的担忧，但多样性是波动变化的。而男女的二分法是永恒的。

妮：如果男女能做到平等共处，或许能帮助少数群体找到他们的位置？

西：是的，这能更好地帮助人们了解，共同生活并不意味着要消除差异。一个国家统一使用一种语言和一种法律是正常的，但不一定就只能有一种宗教、一种生活方式。混合和多元化可以打破极度危险的纯洁和同质化幻想。

妮：制定平等相关的法律是一种暂时性的策略吗？

西：哲学可以帮助我们理解某个特定时刻的现实。哲学是分析工具，也是行动手段。平等已成为一种新的民主理想。女性被排除在政治领域之外的国家并不是民主国家。也许当社会迎来一个真正男女兼容且平等的明天时，我们将不再需要平等的策略。但现在还远得很呢！

共同生活万岁！

妮：女性会不会在拥有了政治权利后就失去了女性的天赋呢？她们会不会就此抛弃了一直以来奉行的保护生命和弱者的美德呢？

西：我完全没有这种担忧。女性没必要刻意维持女性的样子。女性的潜力会在新的环境中得到发展。男性画家、作家、电影制作人并不会想着“我要完成一个男性的作品”。创造来源于每个人的经验，而不是先天的本质。我觉得最好的办法就是不要去考虑性别。每个人都是同时依据个体和集体的经验做出判断的。性别不属于个体的部分。

妮：女性在政治中发散女性的魅力经常会受到指责。

西：可是为什么不行呢？男性也会发散男性魅力啊。不过，在政治或专业性领域中，吸引力会有所不同，比如勇气就十分重要，而女性也并不缺乏勇气。我觉得单一性别的群体是危险的，男女兼容是文明的表现。在政治领域，女性经常会激怒男同事，是因为她们更有个性也更坦率。如果她们能给这个群体带来更多的自由，那将是非常有益的。女性对一些超越了左右党派分歧范围的、跨领域的问题更为敏感。女性进入政界，了解了游戏规则，还能推动规则的改善。

妮：在单一性别的群体中，男性会更倾向于追随领导者吗？

西：要想了解两性的极端倾向，最好是分别进行观察。男性群体中容易产生君臣、领导和下属关系，而且后者往往盲目服从前者。在必需只有男性的领域中，比如军队、警察、宗教团体，会发展出集体性的服从行为，最极端的就是法西斯主义。我前面也提到过“兄弟义气”。男性群体的形成主要围绕着领导者和战争（体育竞技是战争的现代文明形式，从球迷的过激行为中就可知一二）。统治与服从的关系最先不在男女之间，而形成于男男之间。然后，统治的男性凌驾于男性和女性之上，而服从的男性通过统治女性得到补偿。性别歧视和法西斯主义之间存在着密切联系。在男性帮派中，虐待女性是可以得到其他男性尊重的一种方式。电影《恐惧的代价》就呈现了这种机制。

妮：那只有女性的圈子又是如何运作的呢？

西：好像只有修女院这个例子，女性被孤立会造成很多问题，比如集体性癔症……我想到了阿兰·卡瓦利埃的电影《圣女泰蕾丝》。显然，女性也并不能从女性群体中获益。但我还是认为她们并没有集体性的暴力倾向。

妮：美国女兵林迪·英格兰就是一个反面例子，她在伊拉克阿布格里卜监狱内参与了虐囚事件。还有一些参与自杀行动的女性。

西：这是事实，但也是少数情况。总会有一些女性参加恐怖行动、杀人或犯性暴力罪。但杀人犯、恋童癖或强奸犯中有多少是女性呢？特例并不足以对整体做出判断。想要借此固化性别差异，就像试图否定性别差异一样，都是徒劳的。同时，我坚信男女兼容可以带来文明的进步。男性可以从女性身上学到更温和的处事方式，女性可以从男性身上学到创新和冒险精神。男女共同生活可以达成互赢。

第三节 重塑伴侣

还是哺乳动物

妮：您倡导在公共生活中推行两性兼容。那在私人生活中这又意味着什么呢？避孕手段和生育技术的进步，迫使我们不得不对男女扮演的角色进行反思。

西：所谓的均等，首先想到的就是在分担家务、分配职责等问题上的平等。可是一旦涉及男女的身体，我们就进入了一个不对称的领域。男女的身体机制明显并不完全相同。所以，我们要在考虑到这种身体的不对称性的前提下，朝着自由和平等的目标前行。严格意义上的性别差异在于生育和性。柏拉图曾写到，性别差异“关乎生殖”。每个人都可以转换性别，可以对同性或异性产生欲望。但生孩子，必须要有一个精子和一个卵子。我们属于哺乳动物，遵循生育在雌性体内，在雄性体外发生的定律。不过，科技在没有真正颠覆这种差异的情况下，不断改变着男女的身体。身体不是永恒不变的，身体也有历史。在西方，从女性掌控生育开始，男女的身体越来越接近。两者都发生了变化。由于技术的进步和平等的观念，工作层面上性别的区分变得模糊，身体从繁重的劳动中解放出来，更多投入到运动中去。

妮：但男女在运动中也并不平等。做高强度运动的女性会承担更大的风险（绝经、骨质疏松）。

西：这正是男女不一起参与同一个比赛的原因。运动对男性和女性造成的伤害也不一样。追求平等并不意味着要求任何事情上都完全一致。

妮：医学和手术可以逐渐改变人的身体和两性的差异了。

西：医学可以改变性别差异，最终达成变性。但我认为人本质上就带有性别属性，就像人都有一死，这是无法回避的事实。双性人的存在也并不会削弱这个事实，这种情况极其罕见，他们的生活也非常困难。变性在我看来是一个圈套。我不否认有的人不喜欢自己的性别和身体。这种深层的心理折磨难以理解，更难以治愈。可手术是解决方案吗？手术改变的也只是表面而已。当然在一定程度上，通过手术和激素治疗能在外形上变得更像一个男人或女人。但我们也知道这有多难，性别的差异有多大。此外，变性手术会导致人失去生育能力。手术可以造出乳房，甚至阴道，但是手术造出的阴茎无法勃起（或有一个固定的支柱保持挺立，或者只能时不时进行充气）。变性改变的只是性别的表象。

妮：外科整形手术倒不至于彻底改变了性别，但也在改变人的身体，尤其是女性的身体。

西：既然有改变的可能，为什么不通过医学手段治疗先天的缺陷或变得更美呢？虽然改变外在并不能摆脱深层的社会压力。这种压力表现在强加于个体，尤其是女性身上的审美标准。当身体变成一种形象时，变老或变胖成为无法令人接受的事。这些对外表的要求近乎独裁般统治着所有人，远超过去。健康和美成为利益的托词，化妆品市场、保健品市场、医美市场（包括整形手术和各种减肥塑身美容的仪器）都变得有利可图。每个人都在打造一具耐用、性感、符合审美标准的身体。就连肤色也可以改变，有人使用危险的美白产品，有人照射紫外线美黑苍白的皮肤。一边是白人中心主义，一边是统治阶级的审美标准，给每个人施加了压力。

细胞提供者

妮： 现代医学已经能做到把生育的各个环节进行拆分，再交由不同的男女完成。成为父亲和母亲的不同体验会被完全颠覆吗？

西： 这里的父母指的是有血缘关系的父母，因为通过收养的方式也能成为父母。当然，生下孩子也不是作为父母的全部责任。男女对于生育的体验确实非常不同。女人在体内孕育新生命，身体随着慢慢成形的胚胎发生变化，也就承担起了养育的责任。而如果她无法接受这个新生命，认为这是身体的侵入者，那最好还是选择放弃。也有一部分的胚胎会在怀孕初期自然被身体排斥，有时甚至都还没有意识到怀孕就已经流产。等到怀孕的最后阶段或孩子已经生出来了，母亲会自然地产生一种责任感，因为是她创造了这个新生命。哲学家汉斯·约纳斯认为对后代的责任感是“人类一切责任感的原型”[①]。而男性成为父亲的体验有所不同。男性要从女性身上得到父亲的体验，通过女

① 汉斯·约纳斯，《责任原理》，巴黎，弗拉马利翁出版社，1998年。

性参与在他体外进行的生育过程。在基因测试出现之前，男人永远无法确定孩子到底是不是亲生的。这也是男性需要婚姻制度的原因。

妮：我们已经知道避孕手段的出现，彻底颠覆了两性在生育上的关系。现代医学研究的重点却反过来帮助不育的夫妻生育。

西：避孕使生育和性行为脱钩，发生性关系并不一定就会怀孕。医学辅助生育措施（AMP）则实现了反方向的脱钩，怀孕生育并不一定需要发生性关系。试管授精一开始是为了满足不孕不育夫妇的需求，让雌雄配子在人工干预的情况下结合。其实人工授精已经是一种很老的方法了。如果男方不育，夫妻可以使用捐赠的精子进行试管授精，再将胚胎植入子宫内。还有一种可能性，女性植入体内的胚胎既没有她的卵子，也没有丈夫的精子。这是历史上首次把卵细胞从女性体内提取出来，就像精子一样。

妮：捐精和捐卵真的有可比性吗？

西：其实不然，捐精没有任何危险，而提取卵子的过程非常复杂，需要通过激素干预。提供卵子的女性要承担卵巢受到刺激的危险。这些女性大都失业贫困，也是她们滋生了卖淫和代孕的市场。我认为其中比较新的一点是，两性都是以精子或卵子这种物质形式，而不是作为人参与到生育的过程中。还有，生育市场中的女性明显会受到更大的影响。

妮：所以完全没有必要寻找提供精子和卵子的父母吗？

西：其实他们并不算父母，只是基因的提供者。这里有两种逻辑需要理清，一种逻辑认为身体只是造人的材料（提供精子、卵子或子宫的人），另一种逻辑认为生育是由把孩子生下来的人完成的，即使他们不是法律意义上抚养孩子的父母。问题就在于孩子将来是否能接受自己的基因来自陌生人，接受自己是被制造出来的产物。我们发现，通过捐精或捐卵出生的孩子，通常会去寻找和自己相像或有共同特征的人。如今，大多数欧洲国家都在努力争取废除匿名捐赠精子和卵子的制度。

妮：这就不得不提到匿名生育制了。法国的这项制度允许母亲以匿名的方式进行分娩并放弃抚养婴儿，并允许婴儿被他人收养。

西：这是一个棘手的问题。该制度是为了保护婴儿的生命。我们知道，女性尤其是少女有时会因怀孕陷入绝境。在这种情况下，匿名生育的方式为她们提供了一条出路。此外，这一制度对赞成收养的人也是有利的。但同时，这又与儿童了解出身的知情权相违背。

妮：但这是否会造成男女之间的又一处不对等呢？女性通过匿名方式有权拒绝承担母亲的责任，但男性无权拒绝承担父亲的责任。只要基因检测确定亲缘关系后，法律可以强制要求男性承担责任。

西：确实如此。法国的法律赋予孩子寻找亲生父亲的权利，父亲也必须承担起抚养孩子的义务。在一些遗产案中，甚至有人开棺验尸以证明关系。而女性拥有避孕、堕胎和匿名分娩的权利，在生育的各个阶段都能选择放弃承担母亲的义务。但其实孩子才是受到最不公正待遇的人。从这个角度来看，匿名捐精和捐卵制度是站不住脚的。因为匿名制下，人成为细胞的提供者，抹除了人类与物质的差别。

妮：寻找下落不明的亲生父母看起来不像一场骗局吗?

西：有些不知道出身的孩子会对此感到痛苦，于是拼命去寻找。支持匿名制的人认为，有时候知道身世比不知道更痛苦。精神分析学家就认为，即便我们非常清楚，还是会幻想自己的身世。我们对身世进行设想、美化、联想……我们的想象力总是离不开身世之谜。小孩子会幻想自己是童话里的王子公主或者仙女。现实越是令人失望，这种幻想就越强烈。但问题在于制度，我们可以探索打开亲子关系的不同方式，但不能依靠秘密和谎言。

不要否认性别差异

妮：同性伴侣生育或收养孩子也会涉及亲子关系，而现实中许多人已经这样做了。思考这个问题首先要明确区分性别（男性和女性）差异和性身份（异性恋者、同性恋者、双性恋者、跨性别者等）差异。

西：性身份这个概念本身就很难说。性应该是完全自由的，并不建立在身份之上。而男性和女性之间的区分是有可能实现的，尽管并非一成不变。我们已经说过在体育运动和生育中存在两性差异，不过在性别平等的现代社会，工作中的性别区分在逐渐消失。但现在仍有伤害女性的社会暴力形式存在，比如卖淫。

妮：因为性向，同性恋者直到现在仍然饱受歧视，而且几乎是在全世界范围内。

西：这是事实，但令人无法接受。这也是我们首先要与性歧视斗争的原因。但追求性别平等和性取向自由，不能否认两性的差异和不可互换性。例如，父母的角色是不可以互换的。

成为父亲或母亲，是以男人或女人的身份，而不是以同性恋者或异性恋者为区分的。

妮：有人认为“性属”是一个纯粹社会的概念。我们不是被自然的生物属性定义的，而是社会赋予了我们男性或女性的角色。

西：社会性别确实不同于生理性别。社会性别是具有文化和历史属性的，涉及社会生活的方方面面（外表、行为举止、地位和角色等），并定义了两性之间的关系。而生理性别是从生物角度出发的。正如弗朗索瓦·雅各布所言,“性化”是与死亡率相关的生物学概念。但这个概念并不依据外形的简单差异(比如解剖学差异)，而基于异性能生育的事实。正是生育模式决定了生理性别的区分。不同的文化围绕着这一区分展开，赋予了出生、死亡和性关系不同的社会内涵。社会性别被构建出来后，就会与生理性别形成参照。

妮：社会性别的差异会随时代和文化的不同而变化吗？

西：是的，但这一结构是建立在生理性别的差异上的。社会属性上的男女在历史上有等级差异，就像古代包办婚姻中的男女关系。这就是它必须被解构的原因，但光解构性别的等级秩序是不够的。问题就又回来了，那该怎么办？首先要区分哪些区域是相关的，哪些是无关的，哪些是涉及生理性别的。过去认为个性是由性别决定的观念不再适用。用同性恋和异性恋的区分取代生理上的男女区分更是荒谬。如果否认了自然性别差异的存在，那么人类就变成中性的了，所谓的同性恋和异性恋的概念也就不存在了。这样一来，性取向也就没有了意义。

妮：同性伴侣收养孩子或采用医疗辅助生育手段要遵循什么原则呢？

西：使用医疗辅助生育手段要考虑到孩子的利益和借用他人身体的事实。我们不能跟一个孩子说，他或她是由两个男人或两个女人生出来的，这是欺骗。我们不能在否认现实的前提下构建家庭关系。长久以来，建立在一对夫妇之上的家庭，以及父母与孩子之间形成的关系，并不是偶然的。这一切基于一对夫妇可以生育的事实，而不是一个随意的决定。不然的话，为什么父母只有两个而不是三个呢？这个双人结构是由生育决定的。

妮：今天，收养关系还会参考传统的亲子关系吗？

西：这个问题会一直出现，因为生物技术彻底改变着我们的想象。但假如亲子关系中不再有性别概念，为什么不设想有三个妈妈或四个爸爸呢？一个孩子可以由三四个人抚养，父母的概念并不局限于两个。在重组家庭中，生育孩子的双方和抚养的双方就不相同。当亲子关系与性别剥离时，我们就需要思考在同性关系上重建新的亲子关系的依据。无论如何，性取向不应再被视为收养孩子的障碍，而且平等的原则要能保障个人的这一权利。

妮：如果将来两个女人就可以生孩子了该怎么办？

西：男性曾有过纯粹父系遗传的幻想，让－皮埃尔·韦尔南在提到古希腊人时就说到了这一点。那女性是否有纯粹母系遗传的幻想呢？我不知道排除异性去考虑遗传问题有什么意义。而且，细胞和人类真的可以混为一谈吗？我们真的可以把孩子当作一个实验室产品吗？

出租肚子

妮：医学辅助生育手段中有两个新的参与者：捐精的男性和捐卵的女性。现在又出现了代孕妈妈。代孕应被视为一种希望、自由，还是另一种形式的“卖淫”呢？应该允许这一切发生吗？

西：技术的进步通常与人类的全能幻想和极端的个人主义有关。“因为能做到，所以没有理由不做”的这种论断，经常被当作唯一的理由。科学技术赋予了人类权利，而人类想要不受限制地享受它。但是没有任何一项技术，尤其是医学技术，可以逃避伦理的要求和共同的原则。涉及社会和文明价值的一切都要受到限制和规范。科学、技术、伦理、法律都是相关的。代孕的问题出在，为了满足一部分人的需求，就可以允许对他人的身体进行剥削吗？[1]

① 对这一问的更多解答可参考《破碎的身体》，巴黎，弗拉马利翁出版社，“伏尔泰咖啡馆”书系，2010年。

妮：有人可能会回答："如果别人也同意，为什么不行呢？"

西：但这种同意背后的自由意志和价值观是值得质疑的。有些人认为，法国的法律拒绝代孕落后于时代。但可能恰恰相反。法国的文明建立在 1789 年制定的原则上，这些原则难道已经过时了吗？《人权和公民权宣言》指出："自由是属于所有的人做一切不损害他人权利之事的权利。"自 1946 年以来，法律禁止所有伤害他人尊严的行为，保障对个人及其身体的尊重。是否因为其他国家不是如此，或者因为有钱人出国购买在法国遭禁的代孕服务，我们就要放弃这个原则呢？这种做法就算在别的地方可行，并不意味着就是对的。

妮：捐血、捐精和捐献器官都没有被视为违背尊严的行为。出租肚子又有何不同呢？

西：黑诊所利用"帮助那些不幸的女人"这套说辞说服潜在的代孕妈妈。但实际上，这是一个发生在产业和市场中的交易，而代孕机构是最大的利益获得者。代孕机构、客户和代孕妈妈之间不会使用"购买""价格""交易"一类的词汇，他们会说"补偿"，补偿怀孕的时间和开销。但代孕妈妈就是在赚钱，在出售产品，也就是孩子。想要孩子的夫妻是客户，在贫穷的国家和弱势的社会群体中寻找代孕的女性和她们的肚子。这是对贫穷女性的剥削和异化。

妮：把子宫看作可以出租的房子，这种想法是错的。

西：《悲惨世界》里的芳汀卖掉了自己的头发、牙齿……人处在绝望的环境中会卖掉一切可以卖掉的东西。如今，器官买卖受到极其严格的监管，虽然非法交易仍旧存在。法国严厉禁止买卖器官。法律只允许在特殊情况下捐献器官，且只有近亲可以捐献，没有任何经济补偿，但还是存在道德伦理的争议。法律禁止代孕的意义在于，防止人做出损害自己的事或成为非法奸商的牺牲品。一旦允许妇女出租肚子，等于打开了变相卖淫的大门。

否认欲望

妮：代孕和卖淫有哪些相似之处？

西：代孕是有偿的（由中介主导的）性服务，为满足他人的欲望而牺牲了自身的欲望和自由，也牺牲了私人生活和个人存在，是对自我的否定。如果身体只是一种工具，如果肉体欲望可以抹除，那就意味着自我的丧失，个体沦为了他人的工具。为了满足拥有孩子的这一个欲望，代孕妈妈自身的欲望被抹杀了。

妮：支持卖淫合法化的那批人往往也支持代孕。他们认为出卖或租借身体与出卖劳动力没有任何差别。

西：我们在工作中使用的是四肢和大脑，而不是人体的器官和功能。人的肺、消化系统和性器官只能用于生存。出卖劳动力完全不等于出卖肉体。代孕不是一种职业，代孕妈妈除了管好自己的营养、健康和作息，几乎什么也不用做。她的工作不是晚上结束，第二天重新开始的工作。在九个月的每时每刻，她的身心都不属于自己，而将自己的身体变成了他人实现欲望的工具。就算是每天工作十二小时的工人，他们至少还有工作外的私人生活。但代孕剥夺了女性独特而珍贵的生育机会，将女性变成了工作的机器。这个肚子可以被另一个取代。在卖淫和代孕这两种情况中，个人生活被剥夺和侵入了。

妮：如果发生在家庭成员之间呢，比如姐妹、母女？代孕不再是交易，而是一种捐献呢？

西：听上去是那么回事儿。但这难道不会牵扯到家庭关系，尤其是乱伦的禁忌吗？如果一个女人的子宫中有了她姐姐的胚胎，就得以某种方式接收姐夫的精子。如果一个不孕的妇女接受了妹妹的卵子，两个姐妹等于都和一个男人产生了联系。如果母亲为女儿怀孕，或者反过来，那家庭关系就会像一团乱麻。我们应该反思，医学是否应该不惜一切代价满足想要孩子的欲望呢？

“我就是我的身体”

妮：以前我们会说“是分娩成就了母亲”。

西：现在也还有这种说法。代孕妈妈确实怀了孕，也经历了所有怀孕的变化。她能感受到胎儿在体内长大，而胎儿从代孕妈妈的身体中获取了营养才慢慢长大。代孕妈妈的荷尔蒙会影响婴儿的大脑发育。要是没有遗传和发育的过程，胚胎永远不可能成为胎儿。基因无法制造出一个婴儿。女人并不是生育的工具，身体是属于个人的。正如莫里斯·梅洛－庞蒂所言：“我就是我的身体。”

妮：这些做法是否或多或少包含了一种意识，想要重新掌控女性身体，让其成为实验室的附属品呢？

西：我们可以想想，医疗辅助生育措施是否会与男性的利益产生冲突……对男性而言，生育一直是在他们体外进行的。生物科学技术实现了生育的外包，解放了女性的身体。我们还可以继续想，让胚胎位于人造子宫内、在人体外培育的这种研究真正的目的是什么。这些研究成本高昂，谁会是受益人呢？又会对孩子造成什么影响呢？硬膜外麻醉可以减少分娩的痛苦，女性也会想彻底从分娩中解脱出来吗？这说不好。

妮：如果这些成为可能，那还会有夫妻愿意选择传统的生育方式吗？

西：人工受孕丝毫没有乐趣可言！我不认为技术会解除想要孩子的欲望和性欲的关系。性欲和生孩子之间紧密的联系是无法一笔勾销的。不过，现代技术最后可以实现把生命从肉体中脱离开来。

两代之间的桥

妮：女性对定义生育的道德准则有特殊的责任吗？

西：女性不是生育的唯一相关方。我认为面对将来的几代人，面对自己的孩子和其他孩子，要有一种未来意识。这是一种巨大的责任，涵盖了文化、政治和思想各个方面。也不是只有成为父母的人才能体会到这种责任感。每一代人都有上一代和下一代，既有继承的责任（我们想在上一代的遗产中保留下什么？），也有传递的责任（我们想留给下一代什么？）。我们还要继续追问：是什么造就了生命？如果我们对下一代不抱有一种巨大的责任感，又要如何去思考文明、文化和政治呢？奇怪的是，古典哲学很少涉及该问题。不过，教育一直是哲学关心的问题。唯有在技术开始干预生育和基因的今天，生育才成为一个道德和政治问题。

妮：个人自由和社会选择在这个问题上产生了冲突。

西：生物技术使得改变和制造人类成为可能。这个被称为“人类技术学”的新领域，远远超出了个人有权自由改变自己的范围（去除皱纹，甚至改变肤色和性别），涉及的是对后代的基因选择和改变。到目前为止，生出的孩子是无法预料的。父母传递给孩子的基因是他们无法控制的。所以，每个新生儿具备的先天条件是一个不受人工干扰的结果。

妮：从我们能够“制造”孩子开始，情况就有所不同了吗？

西：从生育到制造，我们可以像创作一个作品一样构想出一个“人类作品”，就像皮格马利翁的雕像。当然，这么做也伴随着自由优生学的各种风险。这必然会改变人类原本对自己的认识，并将消弭世代之间的根源性平等。基因工程通过对基因的干预，在生育的过程中安插进了人类的意志和计划。换句话说，基因工程意味着某种形式的终结。新的一代与上一代的区分并不再是自然生育中产生的随机变化，而取决于上一代人深思熟虑的计划。这种历史上绝无仅有的权力，涉及后代的自由，也意味着一种可怕的责任。例如，法国的存在主义研究的是当下的自由问题，并不关心下一代。这完全是另一个问题……

妮：说到底，萨特和波伏娃都是个人主义者。

西：在某种程度上是的。对萨特和波伏娃而言，"自由是我的自由"。这是一种不关照死亡的思想。他们提出了自由的问题，但没有进一步思考超越我们的存在：我们会孕育新的生命，生命在我们之后仍将延续。我们只是世间的过客，我们的当下不是绝对的。接受我们的后代也有其自由，就是接受我们的死亡。这是对我们的责任的反思，这是一种更崇高的方式。我负有责任，不是因为我的生命会持续，而是因为我终将死亡。人类并不只有短暂的一生，还与上下两代有关联。在政治方面，人们对文化与人类之间的横向关系有很多思考，但缺乏对于世代之间纵向联系的思考。女性视野或许能对这个问题带来更多哲学方面的思考。

妮：反思抚养孩子方式，其实也是在思考未来。

西：是的。下一代人也会有自己的决定，会按照自己的想法处置他们的遗产。我们在教育孩子的时候也会犯错，也会给他们灌输一些不怎么好的原则。但如果我们不教给他们任何原则，那就相当于根本没有在抚养孩子！我们要留给他们一个怎样的世界？这是关于人生意义的一个基本问题。如果我们不给自己的生命赋予意义，那又如何能留下一个有意义的世界呢？这些问题都是互相关联的。

性别民主

妮：上帝法则或自然法则无法继续适用于集体性的选择了吗？

西：看似普遍的准则在医学技术面前碎成了一地。面对空前广阔的自由，我们要肩负起自身的责任。因此我认为，对待任何重大的社会问题，我们都应该秉承开放且谨慎的态度。当一件事情从技术上可行或个人层面愿意就断然接受，是对文明的抛弃。放弃伦理等于放弃所有价值，等于放弃讨论好坏。不仅是神职人员、科学家和哲学家，所有人都应该以尽可能民主的方式参与讨论，说出人类真正想要的是什么。文明是共同的事业。

妮：过去几个世纪社会取得的进步，是不是有赖于人们获得了更多的个人自由?

西：个人主义反过来也会威胁到个人。若是纯粹的个人主义行动导致了社会制度崩溃、经济崩盘，那后果对于个人而言也是灾难性的。众所周知，美国人认为携带武器是个人自由，但对于整个社会而言，后果是严重的。考虑到对社会和子孙后代的责任，个人的自由是不能无限延伸的。

妮：男女之间的关系是不是也是这样？没有一个定论？

西：首先要知道，虽然我们觉得终于摆脱了父权制，但并不是全世界都如此。男权统治的倾向和对平等的破坏不断在出现，我们要时刻做好夺回失地的准备。两性之间的冲突或许永远不会消失。不管我们是否愿意，女性根深蒂固的屈从必然离不开对男子气概的推崇。这又不断回到性关系的表现形式上。我们要不断质疑认为女性“天生”被动，女性的身体可自由支配的观点。在当今世界，女性面临的巨大挑战，不再是家庭和政治生活中法律的不平等。就算平等的进程还未完全实现，至少也在前进。经济生活中的两性平等也在向前迈进。但是，色情和生育产业对女性身体的支配和买卖非常严峻。女性被这些产业和市场无情剥削。今天，极端自由主义正在威胁着女性。

妮：为何在各个时代，女性的身体都被认为是“可售”的呢？

西：当然，这些市场都是不一样的，但都是基于某些条件得以迅猛发展。过去存在性别歧视的社会，认为女性是服务人群，她们的身体是可以支配的商品；在发生经济危机或失业时，没有劳动力的贫穷女性于是就出卖了自己的肉体；最后，市场无限扩张，把所有东西都变成了可以出售的商品，包括人的身体。我还要再补充一点，极端自由主义支持性工作者和代孕妈妈，以性自由和“出卖自己的自由”作为借口。

妮：我们又回到了自由的问题上。没有任何限制的自由最终只会覆灭……

西：这种自由主义是在为任何形式的剥削和束缚开脱。当一方的性自由被出卖给另一方，那维护着另一方的性自由又有什么意义呢？购买者的部分快感正来自女性对自由的放弃。事实上，如果说性欲是自由的基本组成部分，那性交易本身就是矛盾的。同时，这也违背了尊重他人和他人身体的现代法律。这也是强奸和性骚扰会受到法律制裁的原因。对这些市场交易视而不见的人才敢继续鼓吹出卖自己的“自由”，支持卖淫和代孕合法化。买卖器官，也是对人的异化。还有人认为，只要愿意，每个人都可以自由地放任自己的身体被使用、被蹂躏、被虐待、被折磨。在法律保障公民自由和尊严的社会中，这些话都是无法被接受的。

妮：但到了 21 世纪，还有女性的身体在被出售。

西：女性的自由还未实现!

妮：民主能否保障女性权益，推动两性关系的发展呢?

西：一个社会越民主，两性关系就越平等。在男性受到压迫的社会，女性会受到更大的压迫。而在男性解放并走向公正的世界里，女性也会走上相同的道路。女性的历史不仅是一步步解放女性的历史，也是男女共同与压迫斗争的历史。

伴侣关系

妮：在实现男女平等之前，是否存在一种“恰当”的男女关系呢？

西：我不认为有。在女性没有得到重视，无法行使个人意志和自由，被迫屈从于男性权威的情况下，两性之间的信任怎么会建立起来呢？在女性还完全依赖父亲、兄弟、丈夫的情况下，两性的关系是完全扭曲的。我们一直在讲述女性的历史，但男性与女性共同的历史却刚刚开始。男女兼容的世界是一个崭新的世界。我所说的不是男性的未来或女性的未来，而是二者共同创造的未来。当人的自由得到充分发展，伴侣关系就成了一件艺术品。没有人会在这种关系中受到限制，或扮演一个固定的角色。每个人都可以自己定义这个关系，决定什么是自己想要的，什么是不想要的。这是一场关乎个人生活的真正反抗。虽然这注定很困难，因为我们没有可以参考的范式。当今的伴侣生活是两个个体、两种生活的结合。每个人都有自己的工作、朋友和社会生活。

妮：最后，我们还会需要伴侣吗？会不会发展出其他的关系？

西：单身也是一种良好的状态，是生命中的一个阶段。现在离婚的人越来越多，似乎夫妻之间不可或缺的让步和妥协越来越难做到了。当然最可怕的是两个人的生活变成一场悲剧，伴侣关系变成痛苦的考验，就像斯特林堡的戏剧或伯格曼的电影，爱情变成了敌对和仇恨。[①] 我想说，伴侣关系是一把双刃剑。包括同性在内的伴侣生活，最吸引人的一点，是两个人的默契和陪伴。一方是另一方永恒的见证者，两个人可以互相倾诉琐事、分享悲喜。与另一半共同生活可以创造出一个亲密空间，在这个空间里，我们可以卸下面具，可以享受沉默，可以体会无言的默契。两人之间除了爱和性之外，维持这段关系最重要的是彼此之间的信赖和友谊。还有一点在我看来很重要的是，如果这段关系失去了与第三方的交流，就会陷入令人窒息的境地。置身于世界之中与他人交流，才会有两人之间的密语，才会形成伴侣关系。

① 参见西尔维娅·阿加辛斯基，《两性的戏剧：易卜生、斯特林堡、伯格曼》，巴黎，瑟伊出版社，2008 年。

图书在版编目（CIP）数据

美妙的女性史：洞察女性生存之境 /（法）弗朗索瓦丝·埃希提耶等著；邹晓菁译.— 重庆：西南大学出版社，2022.6

ISBN 978-7-5697-1520-0

Ⅰ.①美… Ⅱ.①弗… ②邹… Ⅲ.①妇女史学－世界 Ⅳ.①D441.9

中国版本图书馆 CIP 数据核字 (2022) 第 088603 号

美妙的女性史：洞察女性生存之境

MEIMIAO DE NÜXINGSHI：DONGCHA NÜXING SHENGCUN ZHI JING

[法] 弗朗索瓦丝·埃希提耶　[法] 米歇尔·佩罗
[法] 西尔维娅·阿加辛斯基　[法] 妮科尔·巴沙朗 著
邹晓菁 译

出版策划：闫青华 何雨婷
责任编辑：李晓瑞
责任校对：王玉竹
特约编辑：姚敏怡 李炳韬
营销编辑：张　戈
装帧设计：万墨轩图书·夏玮玮
出版发行：西南大学出版社（原西南师范大学出版社）
重庆市北碚区天生路2号　邮编：400715
市场营销部电话：023-68868624
印　　刷：重庆升光电力印务有限公司
成品幅面尺寸：148mm × 210mm
印　　张：11.25
字　　数：244千字
版　　次：2022年6月 第1版
印　　次：2022年6月 第1次
著作权合同登记号：版贸核渝字（2022）第115号
书　　号：ISBN 978-7-5697-1520-0

定　　价：68.00元

读者回函表

Readers

WIPUB BOOKS

姓名:________ 性别:______ 年龄:______ 职业:________ 教育程度:______

邮寄地址:________________________ 邮编:________

E-mail:________________ 电话:________________

您所购买的图书名称:《美妙的女性史:洞察女性生存之境》

您对本书的评价:

书名:	□满意	□一般	□不满意	故事情节:	□满意	□一般	□不满意
翻译:	□满意	□一般	□不满意	装帧设计:	□满意	□一般	□不满意
纸张:	□满意	□一般	□不满意	印刷质量:	□满意	□一般	□不满意
价格:	□便宜	□正好	□贵了	整体感觉:	□满意	□一般	□不满意

您的阅读渠道(多选):

□书店 □网上书店 □图书馆借阅 □超市/便利店 □朋友借阅 □找电子版

□其他 ________

您是如何得知一本新书的呢(多选):

□别人介绍 □逛书店偶然看到 □网络信息 □杂志与报纸 □新闻

□广播节目 □电视节目 □其他

购买新书时您会注意以下哪些地方(多选):

□封面设计 □书名 □出版社 □封面、封底文字 □腰封文字 □前言、后记

□名家推荐 □目录

您喜欢的图书类型(多选):

□文学-奇幻小说 □文学-侦探/推理小说 □文学-情感小说 □文学-散文随笔

□文学-历史小说 □文学-青春励志小说 □文学-传记

□经管 □艺术 □旅游 □历史 □军事 □教育/心理 □成功/励志

□生活 □科技 □其他 ________

请列出3本您最近想买的书:________、________、________

请您提出宝贵建议:________________________

____

★感谢您购买本书,请将本表填好后,扫描或拍照后发电子邮件至wipub_sh@126.com,
您的意见对我们很珍贵。祝您阅读愉快!